WINDOW DISPLAYS

VETRINE

SILVIO SAN PIETRO - PAOLA GALLO
FOTOGRAFIE DI ANDREA MARTIRADONNA

**EDIZIONI
L'ARCHIVOLTO**

IDEAZIONE E CURA DEL PROGETTO ▌CONCEPT AND DEVELOPMENT
Silvio San Pietro

COORDINAMENTO EDITORIALE ▌EDITORIAL COORDINATION
Paola Gallo

TESTI ▌TEXTS
Paola Gallo

REDAZIONE ▌EDITING
Milena Archetti
Paola Gallo

FOTOGRAFIE ▌PHOTOGRAPHY
Andrea Martiradonna, Silvio San Pietro pp. 9, 54, 64, 80 (in basso a sinistra), 84 (in basso a sinistra), 148,
170 (in basso a sinistra), 182 (in basso a sinistra), 184

PROGETTO GRAFICO ▌GRAPHIC DESIGN
Imago (Marina Moccheggiani)
Silvio San Pietro

TRADUZIONI ▌TRANSLATIONS
Andrew Ellis

SI RINGRAZIANO ▌ACKNOWLEDGMENTS
Si ringraziano Imago, Grafiche San Patrignano, Euroteam e Laura Dionisio.
We are grateful to Imago, Grafiche San Patrignano, Euroteam and Laura Dionisio.

Le informazioni riportate nelle schede tecniche e nel repertorio relative a ciascun progetto vogliono solo fornire un'indicazione di massima e pertanto non costituiscono un riferimento ufficiale. Non essendo in grado di entrare nel merito dei rapporti contrattuali tra committenti, progettisti e imprese, decliniamo ogni responsabilità circa eventuali imprecisioni o manomissioni che sono involontarie ed eventualmente dovute a una carenza della documentazione pervenutaci da progettisti, imprese, fornitori.

The information contained in the Technical Data and in the Inventory on each project is only intended to offer general indications and is therefore not an official reference source. Since we were not privy to in-depth information on the contractual relationships between owners, designers and contractors, we decline any and all responsibility for any errors or omissions, which would be involuntary and the result of a lack of documentation from designers, contractors and suppliers.

[ISBN 978-88-7685-172-8]

© Copyright 2007

EDIZIONI L'ARCHIVOLTO
Via Marsala 3 - 20121 Milano
Tel. +39 02 29010424 - +39 02 29010444
Fax +39 02 29001942 - +39 02 6595552
www.archivolto.com - archivolto@archivolto.com

I edition November 2007

L'esigenza di mostrare ciò che s'intende vendere è una costante in ogni epoca e ha assunto caratteri dipendenti dalle forme del commercio e dei luoghi a esso deputati ma anche dal gusto, inteso come estetica di riferimento collettiva e condivisa. Rispetto all'ingenuità preindustriale uno scarto decisivo nell'idea di esposizione si registra nell'Ottocento con passage e grandi magazzini di benjaminiana memoria, ma anche con il modello haussmanniano di città che sancisce il rapporto tra programmi urbanistici e commercio promuovendo nuovi comportamenti legati al consumo. L'età delle grandi esposizioni propone sontuose messe in scena dei prodotti, spettacolarizza il consumismo, ne decreta in via definitiva l'importanza come funzione della vita associata; nel Novecento il paesaggio urbano è così, per larghi brani, anche paesaggio commerciale e assume aspetti differenti in relazione alle condizioni di sviluppo: le vetrine ne divengono una delle espressioni più lampanti. Di recente nuovi modelli di diffusione commerciale, mutuati dalla cultura statunitense e dai suoi schemi urbani, hanno ridefinito alcuni rituali dell'acquisto entro la forma dei centri commerciali trasformando anche il territorio extraurbano e ridisegnando queste enclave come vetrine continue in spazi avulsi dalla città storica della quale cercano di sostituire alcune funzioni aggregative con esiti incerti. Sono brevi cenni, questi, solo per richiamare la stringente relazione che, dall'Ottocento in poi, lega sviluppo urbano e luoghi del commercio; del resto anche la locuzione città-vetrina utilizzata in analisi recenti ben descrive la pervasività del fenomeno pur nelle diverse manifestazioni storiche, formali e geografiche.

A dodici anni di distanza dal primo volume dedicato da Edizioni L'Archivolto alle vetrine, che ha preso in esame un ambito fino ad allora ignorato dall'editoria esplicitandone il legame con i temi della progettazione e della comunicazione visiva, è interessante oggi, con questa nuova indagine, valutarne l'evoluzione. Anzitutto è evidente il ruolo costante delle vetrine nel veicolare la *corporate identity* di brand importanti, in particolare della moda, ma anche la persistenza del luogo deputato a questa comunicazione che è ancora, in larga misura, un brano centrale o qualificato di città, in particolare per marchi d'eccellenza: nell'età del commercio elettronico, appare cioè sostanzialmente inalterata la funzione comunicativa della vetrina nella scena urbana. D'altra parte si conferma la natura ibrida e vitale di un campo connotato da una strutturale contaminazione disciplinare: il progetto di una vetrina è sempre un programma di comunicazione attuato con gli strumenti, più o meno associati o disgiunti, della scenografia e dell'architettura, della pubblicità e della grafica, dell'illuminotecnica, della multimedialità e talvolta dell'arte, con l'obiettivo di meravigliare stimolando l'acquisto ma soprattutto di restituire e ribadire l'identità di un marchio. La necessità di rinnovare continuamente strategie e figurazioni stimola una ricerca, che certo utilizza metodiche specifiche, tecniche di marketing e attrezzature ad hoc, ma che si risolve anzitutto in un progetto quale esito di invenzioni figurative e tecniche entro specifici vincoli spaziali. I mezzi disponibili sono invece pressoché illimitati perché se è vero che esistono tradizionali e specifiche attrezzature di serie è altrettanto vero che la necessità di effetti sempre nuovi sollecita soluzioni personalizzate. Va anche rilevata l'osmosi di contenuti, espressivi e tecnico-esecutivi, che da qualche decennio permea i progetti per gli spazi commerciali e il loro disvelarsi sul palcoscenico urbano attraverso le vetrine. Tale relazione e lo straordinario sviluppo del *retail design* hanno rappresentato un esteso territorio di esplorazione sul concetto di esposizione, in continua trasformazione sia dal punto di vista formale sia contenutistico, nel quale il valore aggiunto costituito dal design è stato ed è un fattore determinante nel realizzare il successo di molte griffe e il motivo per cui progettisti di fama sono stati chiamati a ideare modelli e concept per spazi commerciali e, appunto, vetrine. Nel confronto con il recente passato questo libro rivela anche un altro aspetto: una certa omologazione dei linguaggi ricondotta per solito al fenomeno della globalizzazione è, in realtà, solo in parte veritiera: al contrario le vetrine contemporanee sembrano per lo più proporre sistemi esclusivi e differenziati, concepiti per sollecitare, in base a consapevoli programmi semantici, su un piano seduttivo piuttosto che esplicito, evocando sogni e stili di vita, raffigurando e spesso suggerendo l'identità dell'acquirente. Ciò avviene applicando gli strumenti più vari, come documenta questo volume. La vetrina come teca, fisicamente e formalmente distinta dallo spazio interno, persiste come scelta o come necessità ma si affianca a interpretazioni dell'intero negozio come vetrina di se stesso grazie alla progettata permeabilità tra esterno e interno. A vere e proprie scenografie realizzate con gli strumenti specifici della scenotecnica, si affiancano soluzioni nelle quali il tema del fondale come quinta decorativa o cromatica è restituito da sistemi più fantasiosi, da quelli pittorici a quelli offerti dalle più sofisticate tecnologie luministiche o multimediali. Se poi talvolta è la grafica il medium della comunicazione, in altri casi è evidente una riflessione più espressamente compositiva. In alcune soluzioni si prescinde totalmente dall'esposizione dei prodotti per predisporre scene narrative, evocative, iperrealiste o surreali, o al contrario, si disegnano minuziosamente i display utilizzando tecniche ricercate e materiali inconsueti. Talvolta, poi, in allestimenti concepiti come installazioni artistiche, è proprio l'evidente "volontà d'arte" a restituire un'idea di esclusività e di eccellenza.

È dunque chiaro come, sia dal punto di vista progettuale sia semiotico, le possibili letture siano molte e complesse, sempre da correlare anche a precise strategie di comunicazione aziendali: tuttavia, quale che sia la logica di riferimento, i progetti per queste installazioni provvisorie, forse proprio in ragione della loro transitorietà, sono il frutto di una elaborazione, creativa e tecnico-esecutiva, che mescola know-how disciplinari diversi in assemblaggi che si rivelano sempre densi contenitori semantici.

Paola Gallo

Down through the ages, anyone with something to sell has always looked for appealing ways to present their products. Before the advent of industrialization, display methods were simple, but the arrival of mass-produced goods brought the first shopping arcades and department stores envisaged by Walter Benjamin, but also Haussmann's model of the city, which sanctioned the rapport between town planning and retail, inducing new patterns of consumer behavior. The era of the vast World Fairs involved lavish installations like stage scenery, in which the products were shown in a simulated setting, turning consumption into a sort of spectacle. As a consequence, in the 1900s the urban landscape began to be also a showcase for consumer goods, with styles determined by evolving conditions of development, of which the window display is its most evident manifestation. In recent years, progressive ideas of retail design explored in the United States, with their highly characteristic urban format, have steadily influenced consumer habits in Europe, which have in turn altered the suburban landscape, transforming these places into continuous arcades of store windows, in retail enclaves seeded outside the original built-up area, which generally try to replace some of the latter's functions, albeit not always quite as the planners envisaged.

This cursory overview shows how urban development and retail design have developed hand-in-hand since the 1800s; small wonder, then, that the term "window city" utilized in recent analyses aptly described the phenomenon's persistence. Twelve years ago Edizioni L'Archivolto published its first book devoted to store-window design, a topic that had until then been largely overlooked. The book revealed the close links with interior design and visual communication, and this sequel reveals the ground that has been covered in the meantime. What meets the eye is the invariable role of shop windows in transmitting the corporate identity of leading brands, particularly fashion labels, but also the perseverance of the sales outlet itself as a qualifying element of the townscape, especially for so-called exclusive brands – even in the present era of rampant e-commerce, the store window's role has by no means dwindled. On the other hand, the hybrid nature of window design involves a notable degree of crossover between disciplines – the design of a shop window is always a form of marketing message, and involves more or less the same tools as set-design or architecture, advertising and graphics, lighting technology, multimedia and at times even Art itself, in assorted combinations. The aim is to lure the passer-by into the store, and induce him to purchase. Most of all a window design aims to showcase the brand's market identity. Consequently, the constant need to update strategies and imagery generates new ideas which, while employing specific methods, marketing techniques, and customized equipment, rely upon a vast ensemble of figurative and technical inventions, while aligning the range of figurative and technical inventions to specific spatial parameters. The means at the designer's disposal today are virtually unlimited, and although traditional and standard display devices continue to exist, the need for outshining rivals has prompted some highly personalized variants on those same standard fittings. Another notable factor is the osmosis among the expressive and technical-executive ingredients, an osmosis that for the past few decades has permeated the design of retail spaces, affecting the way these spill out onto the street, through their window displays. Together with the exponential growth of retail design, this crossover of ideas has generated a boundless terrain in which to explore every imaginable concept of display, a terrain in constant transformation in terms of both form and content, in which the added value of design has been and still is a determining factor in the success of numerous fashion labels, and the reason why so many designers have been summoned to invent models and concepts for retail spaces and store windows. If we look back on the recent past, we can note a certain standardization of language that is widely imputed to globalization, but this is only partially true. In actual fact, today's store windows seem more intent on proposing individual or exclusive, one-off designs which employ openly semantic schemes that transmit a more understated than explicit message to the public, a message that relies on allusion to an imaginary or projected lifestyle, merely hinting at the identity of the prospective purchaser. Whether by choice or dictated by structural requirements, the shop window as a *showcase* – physically and formally distinguished from the rest of the store within – continues to compete with projects which instead transform the entire store by allowing an unobstructed vision of the interiors. Also present are full-fledged theater sets that employ all the stock tools of scenery design. Flanking these are designs in which the backdrop is thrown into strong relief via imaginative decorative and chromatic effects, strong pictorial solutions, high-tech lighting systems, or eye-catching multimedia devices. In some cases the main vehicle of communication is graphics, while in others the focus is on composition. Elsewhere the products themselves are upstaged or even eclipsed by narrative devices, or by the hyperrealistic or surrealist scenery. Taking a completely opposite stance are displays in which the merchandise is meticulously arranged using an exquisite palette of unusual techniques and materials. In yet other instances, a project adopts a purely artistic viewpoint, using the traditional canons of painting to endow a sense of exclusiveness to the display.

The upshot of all this is that, in terms of both design and subtext, the eventual interpretations are multiple and layered, and are always anchored in a precise communications strategy – at any event, whatever the source intention, the designs underlying these temporary installations (perhaps by dint of their sheer transitory nature), they are the outcome of a series of pondered creative and technical processes that involve intersecting areas of know-how and technology, to produce ideas that always provide much food for thought.

Paola Gallo

LARUSMIANI

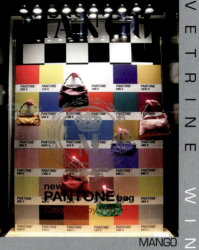

MANGO

SERGIO ROSSI

PIANEGONDA

PIANEGONDA

EMILIO PUCCI

VENINI

GIO MORETTI

SISLEY

MISSONI

GIOVANNI VALENTINO

AGATHA RUIZ DE LA PRADA

L'universo concettuale della stilista spagnola che ha fatto del colore la propria cifra, è restituito anche in questi due allestimenti. Il tema qui non è tanto l'ideazione di espositori quanto di segni sintetici che siano immediate espressioni del marchio. Sono gioco e colore, dunque, i fiocchi di neve rossi che scendono su un albero di Natale

fatto con ciambelle sovrapposte di tessuto o la "siepe" primaverile con piccole luci avviluppate come rampicanti su fiori stilizzati.

The colorful universe of this Spanish fashion designer, who has made a lively palette her hallmark, is rendered in these two installations. The

theme is not so much the design of the display units as the converging effects used to convey the brand name, by which besides the bright colors we have dark red snowflakes cascading over an ersatz Christmas tree made of a pile of round cushions, and a simulated "hedge" made of climbing plants dotted with pinpoint lights.

La vetrina estiva di questo marchio, che tra i primi ha sviluppato nuove tecnologie e materiali per lo sportswear e il rainwear, è concepita come sfondo per evocare un'atmosfera stagionale focalizzando l'attenzione sugli abiti esposti. Il decoro vegetale utilizzato come un nastro continuo sulle pareti del negozio è così riportato, incorniciato da un sottile profilo, sul pannello luminoso che scherma solo parzialmente la visione dell'interno. Si tratta di una sorta di quinta scenica che non assume valenze realistiche e tende piuttosto a rintracciare una qualità espressiva nella ricercatezza del disegno che si fa colore.

The summer window display of this fashion label, a pioneer in the use of new technologies and materials for sportswear and rainwear, involves a backdrop of imagery to evoke the atmosphere of the specific season without stealing the show from the clothing on display. The plant designs runs in a seamless band along the walls of the shop and are resumed in illuminated panels set in unobtrusive frames that only partially screen the view of the interiors beyond. The resulting set-like device avoids trying to realistically evoke the season, and instead gives priority to the expressive qualities of the color-oriented design.

Un'installazione risolve la vetrina natalizia del brand italo-nipponico celebre per le borse in maglia di PVC. Un cilindro invisibile sostiene esili anelli di diametro crescente verso l'alto su cui si avviluppano nastri di panno bianco ritagliati come i girotondi di carta dei bambini. Così le borse, appese, divengono le decorazioni di un inconsueto albero di Natale il cui effetto poetico è rafforzato dall'intreccio dei piccoli, candidi rami distesi sulla parete laterale.

This installation heralds the Yuletide offering of this prominent Italo-Japanese fashion label specializing in bags in woven PVC fabric. An invisible cylinder supports slender hoops of ascending diameter decked with white flannel strips like cut-out party streamers, with the effect that the dangling bags join in the decoration of this unusual imaginary Christmas-tree, the general festive mood enhanced by wreathes of small pale sprigs fixed to the side walls.

Uno sfondo a larghe bande colorate e una lucida pedana definiscono, teatralmente, una vetrina natalizia dello store Armani / Casa. Pochi elementi rossi rimandano alle tradizioni delle feste e concorrono a precisare una scena dove la disposizione dei complementi esposti suggerisce l'idea di uno spazio domestico allestito secondo i canoni formali che identificano il marchio.

A backdrop designed with wide vertical bands of color and a glossy platform generate a pleasantly theatrical context for the Armani / Casa division's seasonal offering. A handful of red springs in tall, slender black cylindrical vases provides the Christmas spirit for this suggested domestic environment, as always arranged with the inimitable Armani style.

ARMANI / FIORI

Nell'ampio multistore di via Manzoni, a Milano, la scena natalizia della vetrina dedicata allo spazio Armani / Fiori esalta innanzitutto l'eleganza e la ricercatezza delle composizioni floreal-vegetali presentate. In questo caso l'allestimento coincide con gli stessi oggetti esposti valorizzati da un involucro definito dal piano orizzontale che li riflette e dalle quinte semitrasparenti di fondo, affiancate, rese preziose dai toni sontuosi del viola e del rosso. Una figura disegnata da piccole luci indica una direzione, è un segno concettuale che rimanda, forse, a spazi diversi, ed è evidente l'analogia con albero di Natale e doni impacchettati restituita dalle preziose sculture vegetali.

For the ample multistore in Milan's Via Manzoni, the special Yuletide display for the Armani / Fiori division focuses basically on the elegance and sophistication of the arrangement of flowers and greenery. In this case the installation is the merchandise itself, which is enhanced by the clearly delimited enclosure defined by the horizontal plane in which the items are reflected, and by the semi-transparent backdrops set side-by-side, each in a shade of translucent violet or red. The neon sign seems to be inviting visitors to continue to other areas of the store, while the arrangement on the right hints at a Christmas tree, alongside which small presents are decked with delicate vegetal bouquets.

SHOP
ASPESI

Un peluche animato, un grande orso bianco sonnolento e benevolo, occupa l'ambito d'ingresso dello shop Aspesi pensato come una sorta di portico, con tanto di chiosco con i fiori che media la relazione tra l'esterno e il vasto spazio interno che s'intravede sul fondo. Solo un monitor, come un leggio, indica il nome del negozio e un altro propone una lista immaginaria in un allestimento che mostra apertamente entro scatole trasparenti in primo piano, i collegamenti elettronici necessari ad azionare l'animale e gli schermi. Così non sono gli abiti a veicolare l'immagine del marchio e a cercare di catturare l'attenzione. Qui la vetrina svolge un ruolo assai diverso da quello strumentale dell'esposizione dei prodotti e persegue piuttosto una relazione ludica, amichevole ed empatica con il pubblico che si suppone conosca già perfettamente le caratteristiche del brand.

Sleepy and benign, a giant animated toy polar bear enlivens the entrance area of the Shop Aspesi, whose layout suggests a sort of portico complete with flower-stall, liaising the street outside with the vast interiors of the store stretching far back into the building. Flatscreen monitors propped on stands like lecterns offer an imaginary list of the merchandise inside, while in the window-front three transparent units packed with electronic gadgetry openly divulge the circuitry that drive the polar-bear and the monitors. Unusually, it is not the brand's seasonal collection of clothing that is employed to capture the attention of passers-by; instead, eschewing the usual role as a showcase for merchandise, the window display aims to amuse the public, presupposing that shoppers are already fully aware of the brand's characteristics.

Anche in questi due allestimenti la strategia di comunicazione veicolata dalle vetrine Aspesi sollecita gli adulti, potenziali acquirenti, a pensarsi come bambini disposti a essere sorpresi. Così per Natale il gioco è una sorta di diorama polare con orsi bianchi e pinguini di peluche e l'estate è raccontata da un classico

castello di sabbia: figure inequivocabili che divengono espressive per la loro improbabile collocazione.

As with the preceding display, here too the idea is to amuse the adult shopping population, treating them a little like children. In this

way the Christmas display is a kind of snow-bound landscape peopled with soft-toy penguins and polar-bears; whereas the summer collection is suggested by a classic sand-castle. These two obvious seasonal references are all the more amusing for their wholly improbable presence in the street.

La reiterazione di elementi simili o identici produce sempre un effetto potente che è al tempo stesso concettuale e grafico. L'applicazione di quest'idea alle vetrine del negozio Barovier & Toso ne sintetizza l'identità fondata sull'utilizzo di un materiale come il vetro, preziosamente lavorato, al campo dell'illuminazione. In questo caso sono lampade da appoggio a rincorrersi entro i vani a giorno, puntualmente dimensionati, di una libreria modulare di legno scuro. Apparentemente identiche per dimensioni e forma dei paralumi, costituiscono in realtà un campionario dei modelli disponibili e divengono un sistema decorativo per le varianti formali e cromatiche delle sofisticate basi di vetro.

A reiteration of similar or identical elements always tends to produce a powerful effect that is both conceptual and graphic at the same time. The application of this idea to the window displays of Barovier & Toso encapsulates an identity founded upon the elaboration of rigorous geometries created either with choicest materials, or a distinctive treatment of the same. In this case they are table lamps ranged in open-backed enclosures, carefully ordered inside a unit of modular bookshelves in dark wood. With shades apparently identical in dimensions and form, the lamps actually offer a sample of the catalogue, the varying shapes and colors of the bases offering an elaborated decorative system

La vetrina Borsalino si affida alla fama di un marchio che ha fatto la storia dei copricapo in Italia e nel mondo, tanto da divenire sinonimo del più celebre cappello di feltro. Così è semplicemente l'emblema dorato impresso sulle scure cappelliere, sovrapposte a comporre fondali e appoggi espositivi, a rappresentare se stesso.

This eye-catching window display relies confidently on the brand's international reputation for headgear of the finest quality, and also on the fact that its brand name is basically synonymous with the original felt hat. Hence the gold logo impressed on the panel of dark hat-boxes, variously arranged with the new offering.

Prismi di dimensioni e altezze differenti sono gli essenziali espositori di questa vetrina dedicata agli accessori del negozio Boss. Qui l'allestimento è una composizione volumetrica tesa a valorizzare i prodotti in un'ambientazione che aderisce all'atmosfera invernale ma ne fa materia astratta per il colore nero applicato al legno. Solo le lamine dei piani d'appoggio orizzontali si stagliano così sullo sfondo scurissimo reso profondo dalle fasce di luce verticali, come codici a barre, rese dinamiche dal tracciato inclinato del limite superiore.

A row of textured gray prisms of different sizes and heights provides the lean premise for this display of clothing accessories, its careful arrangement of wooden volumes devised to enhance the

products, thanks to the wintry atmosphere of the dark palette. Only the clear-cut horizontal planes supporting the accessories provide contrast with the otherwise somber mood of the

setting, which is accentuated by a curious backdrop composed of vertical illuminated stripes, reminiscent of bar-codes, their sequence denoting the sloping upper border.

BULGARI

L'armoniosa integrazione di componenti metalliche e geometrie nette a elementi naturalistici e tonalità calde, variamente declinate con sofisticata eleganza in nuance brune, interpreta l'atmosfera invernale nelle vetrine di questo prestigioso marchio del lusso. Pannelli di colore bronzeo, leggermente discosti tra loro, danno origine a uno sfondo cromaticamente omogeneo ma che non preclude del tutto la visione dello spazio interno. Alle quinte si sovrappongono più stretti nastri metallici, verticali, che supportano e organizzano, variamente sfalsati, gli espositori disegnati come prismi solo da esili telai che incorniciano e sospendono gli oggetti. L'apparato, rigoroso e insieme leggero, è attraversato, inaspettatamente, da tronchi e rami sezionati che irrompono nella composizione introducendo nello schema geometrico un effetto di discontinuità, straniante e poetico.

Announcing the autumn collection of this prestigious label of luxury fashions is a harmonious amalgam of neatly geometric metal components blithely juxtaposed with more natural elements and hues, all of which variously coalesce against an even background of cleverly nuanced browns. Nearby, bronze-colored panels that are slightly offset from each other create a chromatically even background without entirely obstructing the view of the store interiors. Attached to these screens are narrow vertical metal bands mounted with slightly staggered thin metal frames containing the display items. This carefully controlled but unemphatic ensemble is unexpectedly traversed from behind by silhouettes of dry tree-trunks and leafless branches, poetically interrupting the geometry with its reminder of the autumn season.

Anche questa vetrina di Bulgari gioca, come la precedente, sull'effetto generato dal rapporto tra natura e artificio. L'articolazione dell'impianto compositivo è infatti analoga con due pannelli distanziati che creano lo sfondo. In questo caso il richiamo alla primavera è rappresentato da fronde dense, verdi, come quelle di una compatta siepe. La loro riproduzione sui fondali evidenzia tuttavia l'artificio mostrando il collage d'immagini diverse che costruiscono la fitta trama. Una consistente struttura smeraldina, sul basamento fisso di marmo, incornicia la scena dove essenziali altalene, di corda e legno, divengono inusitati espositori.

As with the previous installation, this window design also plays on the contrasts between nature and artifice, by which the orchestration of the display involves the twin panels set slightly apart to create a background. In this case, however, the evocation of the season is made with fronds of thick greenery that form a dense hedge, and their reproduction on the backdrop makes no attempt to hide the artifice at work, making a collage of different images to form a compact texture. A solid emerald structure fixed to a marble plinth frames the scene, in which slender wooden swings suspended on ropes provide unusual ledges for displaying the merchandise.

In questi due allestimenti sono soluzioni a effetto che, declinando con humor i classici colori istituzionali, interpretano l'attualità di un marchio storico: così sedie in stile fluttuano nel vuoto e grandi ombrelli griffati sono come emblemi valorizzati dalle superfici riflettenti

These two striking displays are full of wry references to the label's traditional colors, effectively bringing the historical brand name up to date: levitating period-style chairs, and umbrellas emblazoned with the firm's name are all echoed in the polished planes of the enclosure

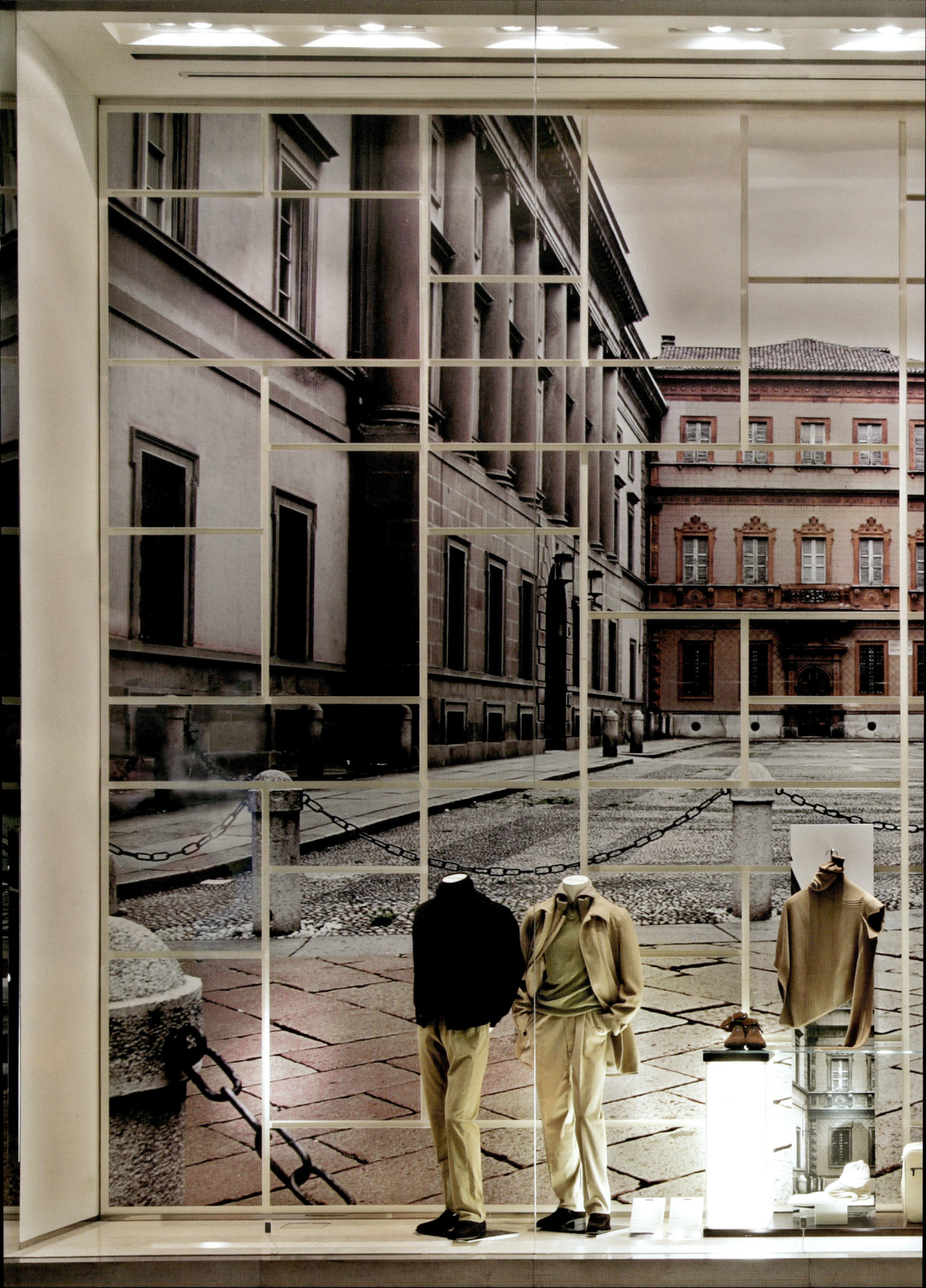

È un'operazione raffinata l'allestimento di questa vetrina che dichiara la sua appartenenza alla città assumendone una porzione come sfondo e citando, così, gli apparati effimeri utilizzati nella storia per impreziosire la scena urbana in occasione di eventi particolari. Giocando una trasposizione di significati qui si presenta, come fondale espositivo, un paesaggio urbano reale in una restituzione che sembra volersi riferire a certe figurazioni idealistiche rinascimentali. Così la vicinissima piazza Belgioioso, con il settecentesco palazzo di Piermarini e la casa di Alessandro Manzoni come fulcro prospettico, è una porzione di paesaggio cittadino nel quale i manichini sembrano passeggiare, è un tributo alla bellezza più riservata di Milano e un gioco grafico per i moduli di dimensioni diverse che scompongono la grande immagine svelando l'artificio.

This imaginative installation openly declares its fondness and devotion to its host city, Milan, by assuming part of the historic legacy as a scenic backdrop to the window, hinting at the temporary set-designs that were once created for urban embellishment during special civic occasions. This deliberate cross-referencing and layering of meanings past and present seems to hint at the Renaissance concept of the "ideal city,", in this case represented by the nearby Piazza Belgioioso featuring the palace by Giuseppe Piermarini and the 18th-century house of the writer Alessandro Manzoni as the vanishing point, thereby projecting an urban setting through which the mannequins seem to be leisurely strolling. In this homage to one of Milan's quieter corners, the backdrop is composed of segments of different dimensions, revealing but not spoiling the illusion.

Il progetto di questa vetrina esplicita con immediatezza l'identità e l'immagine di un marchio nato dalla passione per le scarpe fatte a mano e le auto da corsa di un artigiano vigevanese che inventò e brevettò, nel 1963, un famoso mocassino da guida destrutturato. La specificità spor-

tiva e automobilistica del brand si concretizza dunque nella presenza di un'auto rossa che appare sezionata in due porzioni separate dalla porta d'ingresso. La frammentazione del veicolo produce uno slancio dinamico sull'intero fronte costituendo un'evidente attrattiva.

The design of this store display splashes its identity in all the windows, announcing the image of

driving slipper. The brand's keynotes of sports and racing are endorsed by the presence of an

La vetrina di questo celebre marchio di calzature gioca la comunicazione su de livelli: da un lato consente di percepire tutto lo spazio interno e di ampliare così l'esposizione, dall'altra presenta uno sfondo cromaticamente compatto per valorizzare i prodotti in primo piano. Piccoli parallelepipedi compongono una sorta di muro fessurato in verticale e dinamizzato in orizzontale dallo sfalsamento dei moduli che trattengono piani metallici, come sottilissime lamine.

The store window of this famous high-end brand of shoemaker plays on two fronts at once. First, it allows the observer to see deep into the store, and thereby expand the display area; on the other hand, the use of a chromatically compact backdrop throws the products themselves into strong relief. Here the gaps between stacks of small boxlike blocks afford a glimpse of the store beyond, and support superthin plates of polished metal as ledges for the shoes.

Le volte in mattoni di questo negozio annesso all'omonimo lounge bar si colgono dalla vetrina attrezzata con una sorta di traliccio d'ispirazione decostruttivista. Composta da listelli di legno assemblati con viti a farfalla, la struttura fa della provvisorietà la sua forza comunicativa come ribadiscono anche le lampade "May Day" di Flos disegnate per essere agganciate ovunque.

The original red-brick archways and ceilings of this store which flanks a lounge bar bearing the same name can be admired through a haphazard network of planks resembling a collapsed trellis but joined together with wing-nuts, as if to convey a sense of something provisional, and enlivened with the "May Day" lamps by Flos devised to be strung anywhere completely at random.

La vetrina natalizia di Driade, che occupa una porzione dello storico palazzo Gallarati Scotti in via Manzoni, affida a una texture il compito di trasfigurare la superficie della vetrata frammentandola caleidoscopicamente. Così il nastro con grandi gocce trasparenti tridimensionali è un richiamo che potenzia l'allestimento concepito come pura luce. La tavola coperta da una lunga tovaglia bianca è in realtà un dispositivo luminoso che sospende stoviglie e oggetti di design stilizzando l'idea del convivio, tipico delle feste, in una rappresentazione eterea.

The Christmas display created to occupy a corner of the historical Palazzo Gallarati Scotti in Via Manzoni, Milan, uses a distinctly textural approach that skillfully transfigures the window enclosure into a kaleidoscopic vision, in which a transparent strip of assorted pebble-like waterdrops produces an arrangement that pivots on pure light. An illuminated ledge covered in a white tablecloth is ranged with assorted tableware and accessories, its warm and convivial mood conveying the pleasure of dining in company to celebrate an event.

L'influenza del ready-made duchampiano, matrice d'innumerevoli interpretazioni successive, è evidente in questa vetrina Diesel. L'identità del marchio legato al mondo dei giovani, alla creatività, alla sperimentazione, a una cultura cosmopolita, è così rappresentata da questa sintesi che trasforma l'esposizione in un palco concepito come installazione artistica con molle luminose, oggetti costruiti appunto come assemblaggi e sul quale appare in primo piano, amorevole citazione, un'ennesima riedizione della "Ruota di bicicletta" che Duchamp inventò nel 1913.

Marcel Duchamp's memorable ready-mades and their countless later imitations are evidently one of the inspirations generating this installation for the fashion label Diesel. Targeted at a young street-savvy crowd, the label's guiding philosophy is to encourage an experimental approach to dressing and an urban lifestyle of its own – concepts which in the case of the present display are translated into a dramatic and surreal tableau of illuminated coils and haphazardly associated items, with Duchamp's own "Bicycle Wheel" (1913) lovingly cited in the foreground.

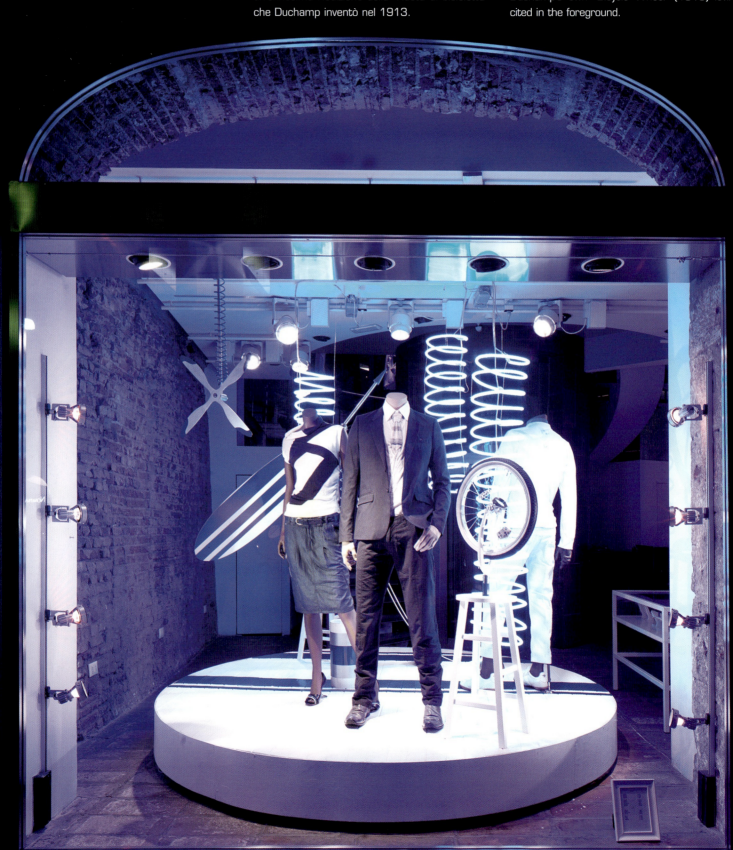

Una fodera specchiante e dorata definisce la profondità della vetrina Dior giocando con gli effetti dei riflessi ma conservando la possibilità di cogliere l'ampiezza dell'interno. Ne risulta una sorta di caleidoscopio armonico rispetto alla scena principale costituita da un fondale, anch'esso dorato, scomposto in due elementi da una sorta di fessura diagonale. E dorati sono anche il manichino, il suo piedestallo, il vestito, a rappresentare simultaneamente, con il metallo più prezioso ancorché solo simulato, l'esclusività del marchio e l'atmosfera natalizia.

A glistening gold window-back defines the depth of this winter display for the prestigious Dior label, exploiting the reflections and allowing a view of the ample interiors beyond. The upshot is a sort of harmonious kaleidoscopic effect offsetting the main scene, in which a similar gilded backing is split into two via a diagonal gap. The elegantly suspended tailor's dummy is also gilded, together with the supports and plinth, so that the contrast with the clothing deliberately evokes the label's exclusiveness and the Yuletide spirit.

Sviluppa in una variante diversa dalla precedente il tema dei riflessi quest'altra vetrina per Dior. Qui l'idea del vortice di immagini generato da superfici riflettenti assume una configurazione propriamente caleidoscopica per gli specchi sagomati che intarsiano il pannello di fondo. Intorno a una sorta di nucleo centrale, di dimensioni più consistenti, i frammenti poligonali, dagli spigoli aguzzi, sembrano ruotare come si trattasse appunto dell'immagine dinamica di un vetro in frantumi: un dispositivo attraente per i giochi dei riflessi e della luce.

Using a variation on the eye-catching interplay of reflections that dominate the previous window design, this second display for the Dior *maison* generates the impression of a swirling, fractured kaleidoscopic view of the merchandise by means of fragmented mirrors fitted to the panels behind the items on display. Around a sort of central octagon, mirror fragments of varying shapes and jagged corners appear to rotate as if it were a shattered window of sorts, catching the eye in a whirl of flashes and reflections.

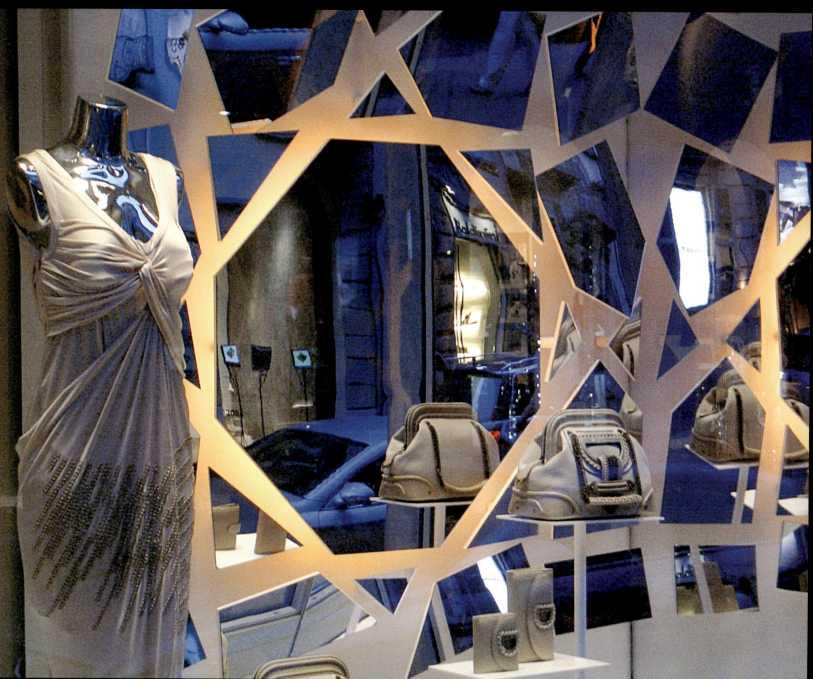

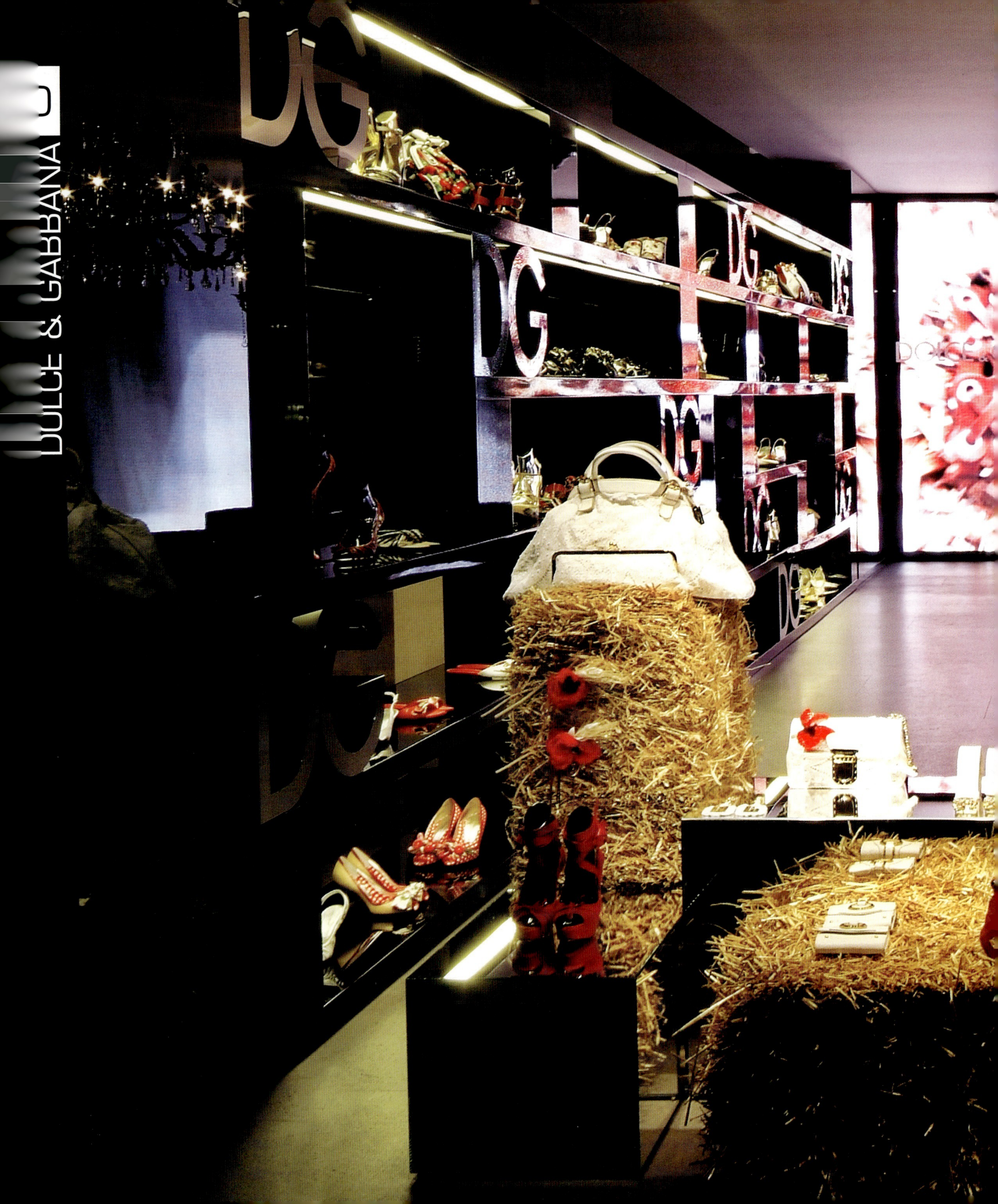

This summer window display for Dolce & Gabbana works on two fronts; on the one hand the presence of oblong bales of real hay refer directly to the countryside in summer; on the other hand their placement and strict geometries are curiously in synch with the similarly shaped units employed as bases for the display, which, unlike the hay, have polished, reflecting surfaces. This curious counterpoint of materials and juxtaposition of forms generates a striking presentation without in any way detracting from our view of the store inside.

Nelle vetrine della Rinascente questi allestimenti temporanei sono stati realizzati nell'autunno 2006 in occasione dell'uscita di un volume sulle creazioni Dolce & Gabbana interpretate da celebri fotografi. Il concept muove dall'idea di utilizza-re un materiale povero in una soluzione di notevole effetto. Nella versione cromata o dorata sono ravvicinate catenelle a definire spazi dai bagliori mutevoli che avvolgono, come trame preziose, installazioni video, espositori e manichini.

DOLCE & GABBANA

Occupying several of the famous Rinascente store's windows, these temporary installations created in autumn 2006 to celebrate the publication of a book on Dolce & Gabbana by famous photographers. The concept behind the installation is to use "poor" materials to achieve a unique effect: hence the chrome or gilded versions involving plug-chain curtains to mark off the space in which video installations, display units, or mannequins are paraded like museum items.

Ancora nelle vetrine della Rinascente queste scene temporanee promuovono la collezione di accessori "Animalier" della *maison*. Sugli sfondi neri e profondi gli allestimenti alternano due schemi concettuali e compositivi: alcuni ordinano in linea, su più file, uno stesso modello di borsa che così diventa un ritmico decoro sfruttando l'effetto anche grafico della reiterazione, altri giocano sull'apparente casualità di grandi e spettacolari cataste di borse.

Once again occupying the windows of the Rinascente store, these temporary installations for the Dolce & Gabbana "Animalier" division entail a pitch-black backdrop against which two different scenes are related through a composi- tional variant: in one the bag collection is arranged abacus-style in rows, playing on reiter- ation for effect; while in the other the concept is a spectacular heap of bags, looking almost as if they had been dumped there by chance.

Questo allestimento estivo per Etro fa riferimento ad atmosfere cinematografiche tratteggiate da uno sfondo pittorico policromatico, con palma, e da una pedana che accenna alla presenza di una piscina. Ma il carattere del dispositivo, dove i manichini in pose realistiche sono come attori in questa scena, è in realtà tutto condensato in una sorta di modello architettonico che riproduce in sezione una caratteristica villa affacciata, si suppone, sull'oceano.

This installation for Etro conveys the impression of a summer film-set, with its background of planes in contrasting colors composing a landscape with palm-trees, and a plinth that suggests the border of an outdoor swimming-pool. This entire scene, with its mannequins caught in life-like poses, however, is represented by a miniature in the cut-away architectural model fixed to the backdrop, presumably of a seaside villa.

Gli elementi modulari come apparato grafico-decorativo coincidono, in questa vetrina di Fay, con il sistema espositivo. Così la pseudo-cassettiera di legno chiaro acquista consistenza tridimensionale per alcuni elementi che, aperti, fungono da appoggi. Il metallo specchiante dell'ordito per i cassetti e delle fasce a pavimento trasfigura il realismo insito nella riproduzione in scala reale del sistema di contenitori.

In this store window for Fay, the display system of modular elements neatly addresses both decorative and graphic functions. In this way the back panel of simulated chest of drawers in pale wood becomes three-dimensional here, as open drawers offer ledges for the merchandise, while the mirror floor and the edging round the drawers alters the realism sought by the use of a life-size scheme for the system of containers.

In questo allestimento natalizio per Fay il classico motivo della pallina decorativa per l'albero diviene matrice compositiva e, insieme, sistema espositivo. Sullo sfondo rosso che delimita la scena bolli bianchi, sospesi a ganci e tensori metallici, traslano il tema in forma bidimensionale come espositori dotati di piccole mensole pressoché invisibili. A pavimento sfere perle-

In this Yuletide window display for Fay, the concept of the decorative bauble to hang on the Christmas tree is used as an outsize graphic motif that also serves a practical display function. In this way, a series of large white baubles suspended on steel cords stretched slightly away from the red backdrop offer a two-dimensional graphic device camouflaging the barely

In questo caso le vetrine autunnali di Fendi sono finalizzate a valorizzare la particolarità della "Spy Bag" realizzata, in collaborazione con un altro noto brand sportivo, utilizzando piumino d'oca. La morbidezza dell'imbottitura della borsa è dunque trasposta nello spazio fisico delle vetrine con uno sfondo soffice, impunturato a fasce orizzontali così come i parallelepipedi espositivi. Il colore uniforme è un ulteriore strumento per segnalare le varianti cromatiche dell'accessorio ma anche una chiave per rafforzare puntualmente il progetto di comunicazione.

In this case the window displays for Fendi's autumn collection are geared to spotlighting the firm's "Spy Bag," created in league with another noted sportswear brand, and filled with a padding of eiderdown. The idea of the padding's downy softness is transposed to the physical space of the windows by means of a background composed of a upholstering with horizontal quilted pattern. The uniform color scheme helps further to enhance the chromatic shifts of the items on display and convey the merchandising message.

Un'interpretazione classica nella soluzione cromatica quanto rigorosa nel disegno degli espositori caratterizza l'allestimento natalizio di questa vetrina Fendi. La campitura dorata, in una variante di tono calda, fodera interamente lo spazio e definisce un'atmosfera preziosa entro la quale prismi di altezze e dimensioni diverse, a sostenere gli oggetti, si arricchiscono per la texture decorativa, come un pizzo, delle loro superfici. Il monocolore è così modulato da varianti materiche e la sua luminosità funzionale a rappresentare lo spirito della festa.

For this elegant window display Fendi has opted for a classical design and color scheme for the units to communicate their new Christmas offering. The warm-toned gilded backdrops envelop the entire window display, creating a precious atmosphere within which the merchandise is borne up by prisms of varying heights and sizes and enhanced by the rich lace-like texturing of their surfaces. In this way the near-uniform coloring is modulated only by the different materials and the carefully thought-out lighting, which enhances the festive spirit.

Le vetrine del Ferrari Store sono pensate come ambiti espositivi integrati all'intero spazio vendita, strumento di comunicazione dell'identità di questo marchio leggendario. Gli allestimenti proposti, che presentano a campione le numerose categorie di prodotti del merchandise ufficiale, prevedono sempre anche automobili vere e modellini, insieme a caschi, ruote e accessori

The large two-tier window displays of the Ferrari Store are designed to seamlessly interact with the sales area inside, endorsing the identity of this legendary trademark. The displays themselves propose samples of products from the various different types of merchandise in the official catalogue, which includes scale models but also actual automobiles, vying with crash-hel-

Giocando con l'idea della foto segnaletica, questo allestimento per la vetrina di Flos – azienda che ha fatto la storia del lighting design con il contributo di progettisti di eccezionale capacità a partire da Achille e Piergiacomo Castiglioni – ordina sullo sfondo di una griglia grafica varie lampade da terra. Le altezze dei corpi illuminanti, come le loro differenti concezioni, sono così impaginate e parametrate dalle linee parallele, rosse, del fondale. Nel progetto integrato, che è compositivo ma anche di comunicazione, la grande scritta rossa *wanted*, sovraimpressa alla vetrata, è coerente all'ispirazione adottata e convalida l'ironico scarto semantico che equipara le lampade esposte a malfattori allineati da schedare, da ricercare appunto.

nals, this arresting window display for Flos – a firm that has made history with its catalogue of cutting-edge light fittings, including many award-winning designs by such enlightened figures as Achille and Piergiacomo Castiglioni – presents a unassuming row of floor-lamps of varying lines at equal distances and labeled at both ends with a measurement in ascending order, whereby one can read off the height of each lamp, as if they were suspects in a police identification line-up – a visual gimmick that is endorsed by the *wanted* sign stenciled on the glass.

questo negozio concepito come uno spazio totalmente permeabile all'esterno. Così il setto a
riquadri luminosi è parte integrante di ogni allestimento come fondale di luce in asse con l'ingresso. A lato l'esposizione è risolta da raffinati
parallelepipedi come basi d'appoggio sui quali
sembrano affiorare petali di varie dimensioni,
realizzati con diversi materiali, che qui sintetizza-
no l'idea della primavera.

The concept behind this display is to allow an
unimpeded view right to the back of the Francesco
Biasia store, leaving the entire window-frame
free, so that the wall with its expanse of illuminated transparent blue squares becomes an
integral part of the display, providing a luminous
window-back visible from the entrance. Beside
the door, several polished steel boxes serve as
display supports, from which emerge giant
petals, clearly summarizing the idea of spring.

GALANTE VISCONTI

L'atmosfera siderale di questo spazio che commercializza raffinati gioielli artigianali si coglie per intero dall'esterno e così diviene essa stessa scenografia espositiva. Come una sofisticata astronave dai colori lunari e dai volumi morbidi, l'ambiente è sfondo coerente per la vetrina vera e propria in questo caso allestita con una sorta di teca ellissoidale, una navicella sospesa, scura, che contiene i preziosi nel suo morbido nucleo sapientemente illuminato.

The somewhat sidereal tone of this store marketing high-end handcrafted jewelry is immediately apparent from the window, which offers a suavely crafted set for the elegant merchandise. Like some elaborate spacecraft of glowing colors and soft contours, the enclosure provides an apt setting for the display proper, consisting of a dark, elliptical showcase hovering like a flying-saucer, upon which the items are arranged and carefully illuminated to great effect.

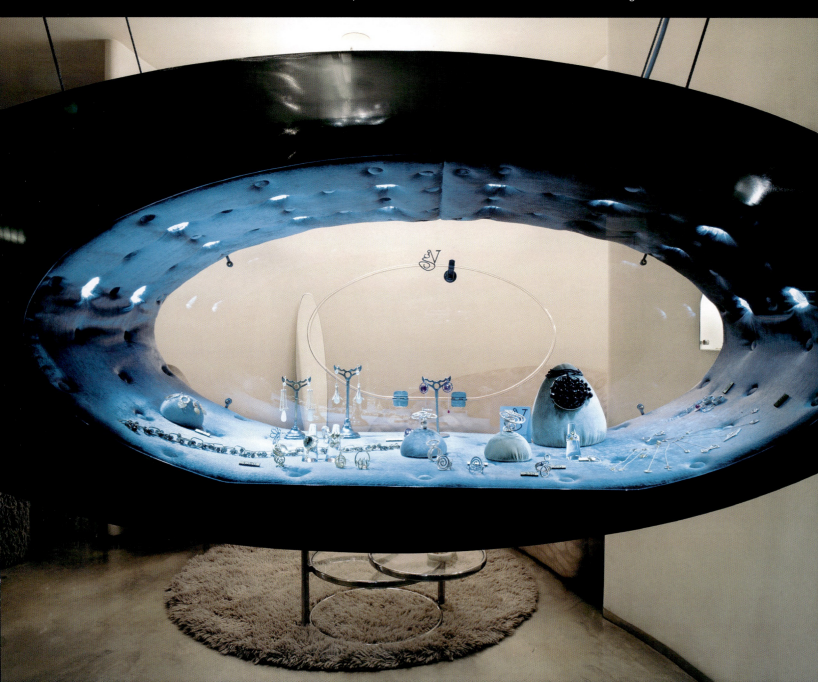

È una sorta di prezioso origami il suggestivo fondale per questa vetrina Gucci. La ricercata installazione deriva la sua potenza scenica dall'uso di un materiale lucente utilizzato in un sontuoso tono viola che si apre in prismi argentati. L'effetto scintillante e riflettente è rafforzato dalla pavimentazione nera lucida e soprattutto dalla consistenza tridimensionale dell'apparato la cui complessità geometrica tende a rappresentare anche un'idea di esclusività.

The backdrop for the Gucci display here is a sort of sophisticated origami pattern, in which the elaborate installation obtains its theatrical impact from the glistening materials used in a sumptuous violet hue that form silvery prisms. The myriad reflections and gleaming surfaces are echoed in the polished black tiled floor, all enhanced by the markedly three-dimensional design, whose geometrical complexity communicates a keen sense of exclusiveness.

Realistic-looking settings realized with different techniques denote the approach adopted for these window displays, each offering an explicit and direct message. The sensual tone of the clothes and assorted accessories relies upon a soft but outspoken printed backdrop occupying the entire display, whose image provides the narrative, while the low, unobtrusive tables placed before the screen seem to belong to a photo-shoot. In contrast, the windows alongside are more informal in tone, their setting composed simply of large bamboo canes and green fronds the hint at a tropical setting, in which the mannequins look like so many summer travelers.

Un groviglio rosso dipinto su una delle vetrine Hermès cela il contenuto oltre il vetro o, in quella accanto, lo rivela aprendosi come una sofisticata cornice. L'ispirazione pittorica e dunque artistica di questa soluzione, che sembra integrare l'espressionismo dell'Action Painting a segni che rimandano a stilemi Art Nouveau, tende ad associare al brand l'idea della creatività pura quale espressione di un lusso che si colloca oltre le consuete strategie commerciali.

A strong red scribble daubed onto the window of the Hermès store hides what lies beyond, while in the second window alongside it provides a sophisticated frame for the contents. The underlying theme is easel painting, providing an artistic touch that hints at the expressionism of Action Painting, with a touch of Art Nouveau, aimed at aligning the brand with pure creativity, expressing a kind of luxury that eschews a traditional merchandising approach.

HOGAN

Il progetto delinea qui un sistema espositivo che assume una valenza scenica per i suoi caratteri propriamente compositivi, che scartano rispetto all'ortogonalità. Totem rossi a tutt'altezza, ritmati da fessure d'acciaio, sono sostegni per mensole agganciate in orizzontale ma anche, inaspettatamente, inclinate, zigzaganti, come fossero una struttura a pantografo. Analogamente nella porzione anteriore sono piani soprapposti e disassati tra loro a fungere da appoggi.

The impact of this installation here is largely indebted to the application of a display system composed so that it counteracts the restrictions of the orthogonal setting. Thus we find a series of tall reddish columns with regular bands of polished steel to which thin shelves are fixed with zigzagging sections between them, resembling a pantograph. Similarly, in the foreground a set of overlapping flat panels placed at a tilt provide

Sfondi dominati dal blu o dal rosso e immagini ingrandite con modelle a rappresentare lo spirito della collezione estiva Iceberg, divengono un fattore di evidente richiamo proprio per le loro dimensioni macro nel rapporto proporzionale

con i manichini. Tuttavia i pannelli, alterati dalle decise cromie di luce, non sono solo semplici sfondi fotografici ma integrano il sistema espositivo per il taglio netto che ne scompone la superficie, senza interferire con la lettura del-

l'immagine, a creare un piano d'appoggio, luminoso, per gli accessori. Il volume così generato è pressoché impercettibile come ingombro ma rende complessi questi fondali dal punto di vista compositivo ed espressivo.

A series of photographic enlargements of models dressed in the summer collection for Iceberg on a strong blue or red backdrops create a powerful contrast with the smaller, life-size mannequins in the foreground. That said, these glowing panels with their intensely colored lighting are not merely photographic backdrops but integral parts of the display system, their clean-cut edges delimiting the surfaces without detracting from the imagery, and providing a support by means of an integrated illuminated shelf for the accessories. In this way the various window-display devices themselves do not intrude, despite their compositional and expressive consistency.

JIL SANDER

In apparenza elementari dal punto di vista compositivo, queste vetrine sono un dispositivo sofisticato per la dinamica che i pannelli fotografici di fondo, luminosi, giocano con la dimensione reale degli abiti esposti sui manichini. La soluzione istituisce una reciprocità tra reale e virtuale, rafforzata dalla puntuale corrispondenza dei colori, che potenzia l'esposizione in termini di comunicazione proprio per la stringente correlazione tra immagine e figura concreta.

Deceptively simple in terms of the composition, the design of these display windows is in fact a sophisticated communications device, by which the large color blow-ups, mounted on suspended panels and brightly lit, deftly contrast in size with the actual clothes on display. The idea is a mutual interplay of real and virtual, endorsed by the adroit choice of colors, which cleverly sets off the merchandise, contrasting the imagery with the three-dimensional figure.

To address the objective hurdle of visibility caused by the physical structure of the building, with its row of niche-like windows set into a long wall slightly raised above street-level, each of these display windows is brightly illuminated in a strong primary color that envelops the enclo-

that enfolds the mannequins and broadcasts their presence to passers-by on the street. The regular sequence of the three colors gives coherence to the message, making the store immediately identifiable by offering an eye-catching visual landmark amid the otherwise

Le vetrine dello spazio Just Cavalli sono semplici diaframmi trasparenti animati, in realtà, dalla variata e immaginifica articolazione dell'interno. Qui si succedono in linea il bancone sinuoso e riflettente che identifica l'ambito con il bar, la scintillante scala d'acciaio lucido, i volumi morbidi e bianchi del banco cassa e del futuristico ascensore. Questa macroquinta orizzontale, vivacizzata dall'insegna costituita da neon colorati, è dunque un paesaggio che esplicita la multifunzionalità dell'interno così integrato, visivamente, alla scena urbana.

The windows of the Just Cavalli store present large transparent filters of elementary design enlivened by the view through to the colorful interiors, and a glimpse of the polished, sinuous service counter that marks off the bar area, together with the glistening staircase in polished stainless steel, the rounded white units of the cash desk, and the futuristic elevator. This attractive interior landscape with its dangling neon signage immediately announces the multiple functions proposed inside, while blending perfectly with the busy environment of the street.

Le vetrine a tutt'altezza del negozio Kartell con-
sentono d'interrelare esterno e interno trasformando l'intero spazio in una sorta di vetrina inin-
terrotta, in profondità. Così, senza alterare le
caratteristiche dell'intero allestimento, caduche
foglie stilizzate, nella parte alta delle vetrate,
rimandano graficamente all'autunno.

The extra height of these tall windows makes it
possible to relate inside with outside, transforming the entire interior space into a sort of seamless window display with the view right to the
back of the store. In this way the shop's layout
remains unaltered, while giant, falling leaves
stenciled on the glass convey the seasonal mood.

Anche in questa variante primaverile il trattamento delle vetrate del negozio Kartell è grafico.
Un grande drago bordato da greche geometri-
che e floreali, d'ispirazione chiaramente orienta-
le, rafforza l'opzione cromatica presentata sulle
bassissime pedane luminose che promuovono
la continuità tra interno ed esterno. I prodotti
esposti sono selezionati nei toni del blu a carat-
terizzare questo allestimento che mostra anzitutto la versatilità del concept dell'intero spazio.

In this spring variation of the Kartell furniture
store, the emphasis of the display is more on
graphics. Emblazoned on the window is a stylized dragon in evidently oriental style, which
endorses the placement of an illuminated dais
devised to foster visual continuity between the
store interiors and the street outside. The products themselves are in shades of blue, and
arranged in such a way as to allow passers-by a
perception of the entire store.

LA PERLA

L'amore per la natura del più celebre creatore di cristalli e gioielli Art Nouveau e Déco è forse restituito in questa ambientazione primaverile da una fitta trama verde che fodera l'intero spazio della vetrina. L'opera di Lalique è qui perpetuata da alcuni vasi la cui delicatezza è valorizzata dal rapporto con la densità tridimensionale dello sfondo vegetale e dal contrasto con la consistenza grezza di prismi di legno sistemati in modo apparentemente casuale.

The love of Nature of the world's best-known creator of Art Nouveau and Deco glassware and fine jewelry is neatly expressed in this verdant enclosure with its unusual lining of simulated densely overgrown vegetation. Lalique's fabled production is cited with a series of vases of exquisite craftsmanship, each one offset by the three-dimensional growth and by the strong contrast between the rough consistency of the wooden supports, seemingly placed at random.

BUCOLIQUE GM   € 1780
BUCOLIQUE MM   € 495
BUCOLIQUE PM   € 195
GM   € 850
MM   € 495
MM   € 145
PM   € 90
NE PROFUMO GM   € 450
NE PROFUMO PM   € 195

LALIQUE
PARIS

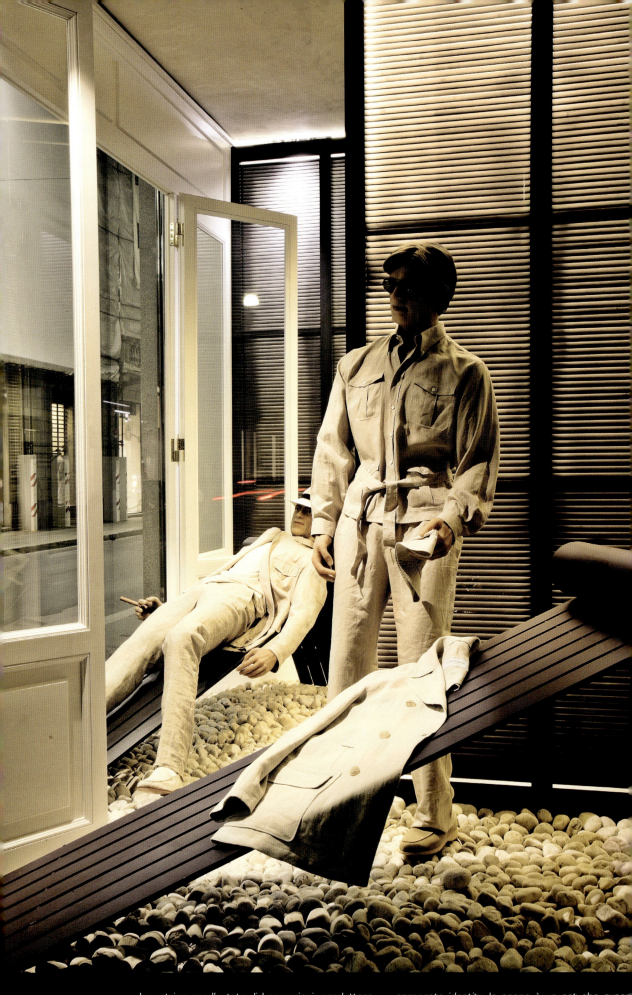

La vetrina per l'estate di Larusmiani, produttore di tessile e abbigliamento maschile di lusso, è una sorta di *tableau vivant*. Frutto di una precisa strategia di comunicazione, che rintraccia nel-l'iperrealismo la possibilità di rappresentare la

corporate identity, la scena è un set che evoca atmosfere esotiche o forse da Grande Gatsby, la cui veridicità è determinata dalle dimensioni in scala reale della scena architettonica e dalla verosimiglianza dei manichini.

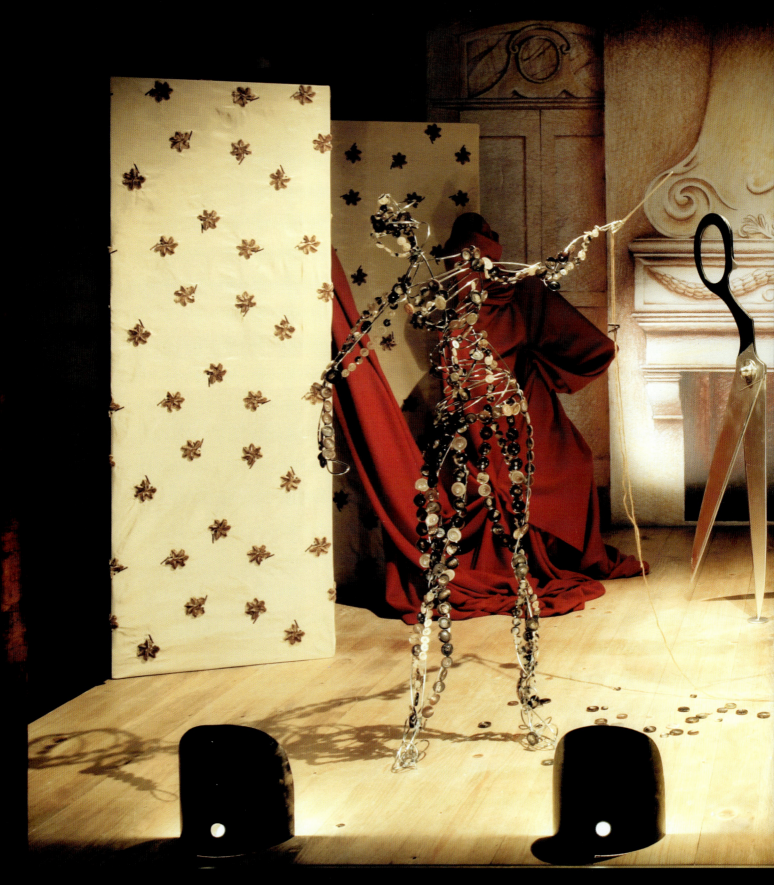

L'iperrealismo delle vetrine principali di Laru- smiani cede il passo, in questo allestimento fisso, in uno spazio laterale, a una narrazione fantastica che ha il compito di sottolineare l'esclusività sartoriale delle realizzazioni. La

scena, come un vero e proprio set teatrale, pro- pone sul fondale dipinto un ambiente domestico d'altri tempi. Tra le quinte ricamate, su un assi- to grezzo come quello di un palcoscenico, sem- brano muoversi oggetti tipici del lavoro sartoria-

le – una forbice, un rocchetto di filo, dei botto- ni, un pezzo di stoffa, un metro – trasformati poeticamente in personaggi antropomorfi pron- ti, come in una fiaba, a dare istantaneamente vita a magnifiche creazioni.

In the case of these fixed side vetrines, Larusmiani forgoes the hyperrealistic approach adopted for its main display windows, and instead opts for a surrealistic narrative that is invested with the task of convey-ing the exclusiveness of the brand's tailoring. The scene offers a full-fledged theater set that simulates a schematic bourgeois sitting-room occupied by a *dramatis personae* com-posed of the classic tools of the tailor's shop – scissors, a spool of yarn, assorted buttons, a piece of fabric, and a tape-measure – all poetically transformed into moving figures apparently about to spring into action and dream up a new creation.

LOUIS VUITTON

La vetrina primaverile del negozio Louis Vuitton, nella prestigiosa localizzazione della Galleria Vittorio Emanuele, affida alla reiterazione del marchio anche il compito di ribadire il valore dell'originalità di prodotti tra i più con-

traffatti. La soluzione è raffinata dal punto di vista realizzativo ed efficace in termini di comunicazione: sullo sfondo scuro dischi riflettenti, disegnati come macrobottoni automatici, sono ovviamente griffati e riportano i nomi delle città

del mondo che ospitano le boutique Vuitton, evidente richiamo all'internazionalità della *maison*. Al tempo stesso i cerchi sono anche inusuali display che agganciano borse o sospendono calzature su ripiani invisibili.

The spring window for the renowned brand of luxury leather-goods, located in the prestigious setting of the Galleria Vittorio Emanuele in Milan, entrusts the simple repetition of the brand logo to impress the concept of the quality and origina-

lity of their products, which are among the most often faked goods on the market. The solution is stylish and smart, and the message very direct: on a dark background of gleaming discs in the form of giant snap-buttons, each one clearly hal-

lmarked on its corona and carrying at their center the names of all the major cities where the Vuitton *maison* is present. These discs meanwhile double up as supports for invisible stands displaying assorted bags and shoes.

Dalla fine degli anni Sessanta in poi libertà, creatività, internazionalità sono stati i riferimenti del lifestyle Fiorucci trasferiti nel rivoluzionario store milanese, antesignano di tendenze solo in seguito percorse e comprese anche da altri e rappresentate in vetrine cult capaci di anticipare il costume prima ancora della moda. Nel nuovo spazio Love Therapy persiste quell'idea di comunicazione che ha fatto storia, quello spirito ludico che è sistema semantico.

Starting in the late 1960s, from the revolutionary Milan store the swinging Fiorucci lifestyle predicated freedom of expression, creative flair, and international chic to its predominantly young target, paving the way for a marketing tactic (only later taken up by other retails lines), its high-street windows touting more an entire style of life than a style of clothing. In the new Love Therapy outlet the firm continues its hallmark message of colorful fun.

Il successo ventennale della lampada "Costanza" è l'oggetto di questa vetrina di Luceplan, azienda che la produce. Articolando su più piani una serie di silhouette, l'allestimento attribuisce al lume il valore di un classico contemporaneo accostan-

done alcune versioni reali alla sagoma bianca che rappresenta la celebre poltrona di Charles Eames, indiscussa icona del design moderno. Sul fondo a doghe bianche un pannello di colore contrastante intreccia un quadro incorniciato e una

sedia al profilo ritagliato di una figura umana: si sintetizza così l'idea di un ambiente domestico senza tempo che celebra anzitutto la qualità del progetto e la persistente attualità della fortunatissima lampada.

Costanza 1986-2006

Now twenty years old, the "Costanza" lamp is the theme of this window display for Luceplan, in which cut-out silhouettes on several planes endorse the lamp's status as a contemporary classic, with real versions aligned with a white outline describing the celebrated armchair by Charles Eames, one of modern design's undisputed icons. Against a background of white vertical battens cut out to form the half-silhouette of a person, a panel of contrasting color features a framed picture and an armchair, creating a timeless domestic environment that above all else celebrates the quality and enduring design of the famous "Costanza" lamp.

Quadri romantici e piatti con caratteristiche decorazioni, richiami adeguati al periodo autunnale e a quello natalizio, sono varianti sceniche di un concept definito anzitutto in termini volumetrici. Una lamina d'acciaio, con il logo Miss Sixty, riduce l'altezza della vetrina incorniciando, con angoli stondati, il campo profondo e monocromo nel quale si svolge l'allestimento.

Backdrops ranged with Romantic paintings or decorative porcelain bowls are the respective clues to the seasons of autumn and Christmas in these two conceptual windows, which are both contained within a clearly defined surround. Behind each, a full-height partition of sheet steel bearing the Miss Sixty logo defines the back of the display area.

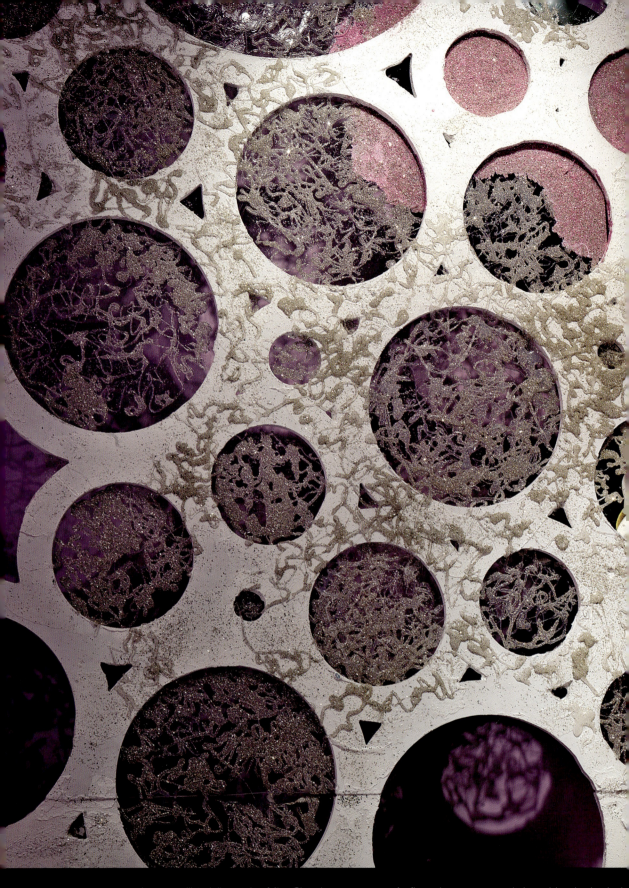

La versatilità della vetrina Miss Sixty, in apparenza vincolata, è evidente anche in questo allestimento per l'estate dove l'invaso monocromatico
si anima per il trattamento dello sfondo che tra-
spone influenze figurative pop nei cerchi di varie
dimensioni, come concrezioni di materia, sui
quali ghirigori di sabbia, come fosse bagnata,

At first glance apparently boxed in, the intrinsic
versatility of the Miss Sixty window display is evident also in this summer installation, in which
the monochrome container is enlivened by the
handling of a backdrop whose variable circles
lend a Pop style flavor, and is decorated with
swirls of beach-sand, clinging as if the surface

Un paravento damascato è il prezioso fondale per questo allestimento costituito, per contro, da un sistema di volumi geometrici puri, definiti da profili netti. Totem di altezze diverse sono composti da prismi verticali e orizzontali sovrapposti, integralmente rivestiti di specchio. Le calzature semplicemente appoggiate o sostenute da invisibili piedestalli, appaiono così sospese nella luce, avvolte in un gioco di riflessi mutevole nelle diverse ore del giorno.

The elegantly textured tripartite backdrop of this installation contrasts with the severe geometry of the display devices, with their harsh outlines, which rise like so many totems of different heights, composed of vertical prisms capped with horizontal ledges, all faced with mirror-glass. The shoes themselves are either simply placed on the glass, or hover on ethereal pedestals amid the myriad reflections and lighting that alters during the course of the day.

Ancora un paravento per questo allestimento natalizio di Miu Miu che interpreta in modo rigoroso ma scenografico il più tipico decoro dell'albero di Natale. La struttura a pannelli accoglie palline cave, dorate, sospese in linea a sottilissime barre orizzontali. L'oro totale dell'istallazione si staglia sul tappeto di pelliccia a pavimento e declina così, in maniera preziosa, uno dei più canonici accostamenti natalizi.

Once again a screen provides the lively backdrop for the display, this time distinctly evoking the festive spirit with its network of classic Christmas-tree baubles. The screen's openwork panels are composed of scooped baubles suspended on superfine horizontal rods. The use of gold everywhere contrasts with the snowy carpet of white fur, which completes the catalogue of seasonal references.

Un paesaggio sospeso, composto da piccole torri come quelle delle illustrazioni per bambini o presenti nell'immaginario collettivo come archetipi fantastici, è sorprendentemente anche scozzese, come il vestito sul manichino. Così l'immaginazione e la fantasia, in questo dispositivo denominato "Building Castles in the Air", sono strumenti di una narrazione che anzitutto tende a perpetrare la cifra creativa e ironica dell'identità del marchio definita dal suo ideatore.

A curious skyline of strange towers dotted with little illuminated windows – a bit like those found in kid's picture-books – presents a familiar fairytale landscape which is actually of Scottish invention, as are the clothes on the mannequin. This imaginative, storybook setting, which goes under the title of "Building Castles in the Air", functions as a narrative device that aims to convey the witty and carefree idea behind the label's identity.

MOSCHINO

The Beast Boutique

La strategia di comunicazione delle vetrine Moschino come sistema straniante concretizzato da scenografie ludiche e fantastiche è evidente anche in questo "Luna-park" che adotta l'efficace tecnica del fuori scala. Qui sono scarpe a divertirsi sulla giostra, a girare sulla ruota panoramica o a scivolare sulle montagne russe in una sorta di mondo lillipuziano che cerca la poesia nella prosaica operazione di esporre merce.

The advertising strategy employed for each of Moschino's window displays involves giving physical form to fantasies through the creation of lively and imaginative set designs, such as this miniaturized amusement park with its merry-go-round, ferris wheel, and roller-coaster – settings in which it is shoes and not people that are enjoying the rides, giving a poetic twist to the rather prosaic job of product promotion.

Anche questi due allestimenti Moschino utilizzano la chiave del paradosso fantastico rappresentando in concreto situazioni per solito non riscontrabili nella realtà. Un fulmine di luce pura illumina anche il manichino con la testa separata dal corpo per immaginare la pioggia primaverile come un evento magico; per l'estate una catasta di sacchetti griffati, di ogni colore, contraddice allegramente la forza di gravità.

As elsewhere, this Moschino display aims to turn fantasy into reality, with a scene one is unlikely to see in real life. For the spring collection, a bolt of lightning illuminates an improbably fragmented mannequin, communicating the magic of a sudden spring shower. Whereas for the summer collection, a mannequin is half-hidden behind a storm of brightly colored shopping-bags, which seem to defy gravity.

Allestimenti diversi sono qui resi possibili da un sistema espositivo fisso quanto versatile. La soluzione consiste in box trasparenti variamente dimensionati che inquadrano singoli prodotti consentendo efficaci aggregazioni cromatiche.

Owing to versatile design of the fittings, the window display can be easily altered. The solution consists of transparent box-like units of different sizes that enclose individual items of merchandise and therefore allow for a lively range of colors.

Per la vetrina dello showroom Rapsel alcuni prodotti commercializzati all'interno sono utilizzati
trasmutando la loro funzione effettiva per pro-
durre un esito scenografico. L'importante vasca
freestanding, nera, campeggia così sullo sfondo
dello stesso colore dove lavandini circolari, variamente colorati, sono montati in verticale sul
pannello per comporre un sistema decorativo e
grafico. L'allestimento coincide così con l'esposizione utilizzando i prodotti stessi come elementi
esornativi a proporre, in realtà, una sorta di
campionario tridimensionale.

For the window display of the Rapsel brand of
bathroom fittings, several of the products avail-
able inside are inventively arranged in the store-
front, subverting their real functions to form an
unusual and eye-catching layout. One of the
brand's flagship bath-tubs commands the foreground in front of a backdrop in the same color,
which is mounted with a range of round hand-
basins. In this way a sample of the brand's man-
ufactured articles themselves are used as a
graphic device to propose a sort of three-dimensional product catalogue.

roberto cava

Questa vetrina estiva riflette l'atmosfera stagionale con elementi naturalistici giustappposti a geometrie nette. Così i prismi di legno agiscono, dal punto di vista compositivo, nel rapporto con la sabbia e con gli alberi privi di fronde, come se

ne possono trovare sulle spiagge, satinati dal vento e dell'acqua.

This summer window display relies on natural props to evoke the season – bleached sand under-

foot, and the dried and leafless branch of a tree – which are contrasted by the geometrical outlines of the tall prisms of veined wood, creating an atmosphere of windswept beaches around the elegantly dressed mannequins.

Se questa variante animalier dell'installazione precedente costituisce un altro modo per rimandare all'estate giocando sull'effetto delle superfici, nel caso delle vetrine qui a lato, invernali, è determinate il ruolo di pieni e vuoti. Qui gli abiti sono valorizzati da un basamento dorato coordinato al fondale che circoscrive lo spazio dal quale emerge una sorta di stele impreziosita da una texture sofisticata.

Whereas this *animalier* variant of the previous installation offers a different way to convey the feel of summer, playing on surface treatment, an interplay of mass and void determines the mood for this display of Cavalli's winter collection, in which the primacy of the clothes is endorsed by a gilded plinth with a matching backdrop that circumscribes the window space, in which rises a sort of column with an elegantly patterned surface.

Secondo un orientamento diffuso, che tende ad annullare le barriere tra interno ed esterno per suscitare più spontaneamente l'acquisto, qui la trasparenza delle vetrate e l'assenza di elementi interposti, trasforma lo spazio interno in un display continuo, percepibile dalla strada. Solo bassissime pedane presentano accessori in primo piano e, rivestite con tappeti erbosi punteggiati da piccoli fiori bianchi, mostrano così di condividere l'atmosfera della stagione estiva.

Following a diffuse trend whereby the visual barriers between inside and outside are removed so as to draw people straight toward the merchandise, here the transparency of the windows and the absence of any filters transforms the interiors into a seamless display visible from the street outside. A selection of accessories is arranged on low daises wrapped in an ersatz turf dotted with little white florets that endorse the seasonal spirit of the collection.

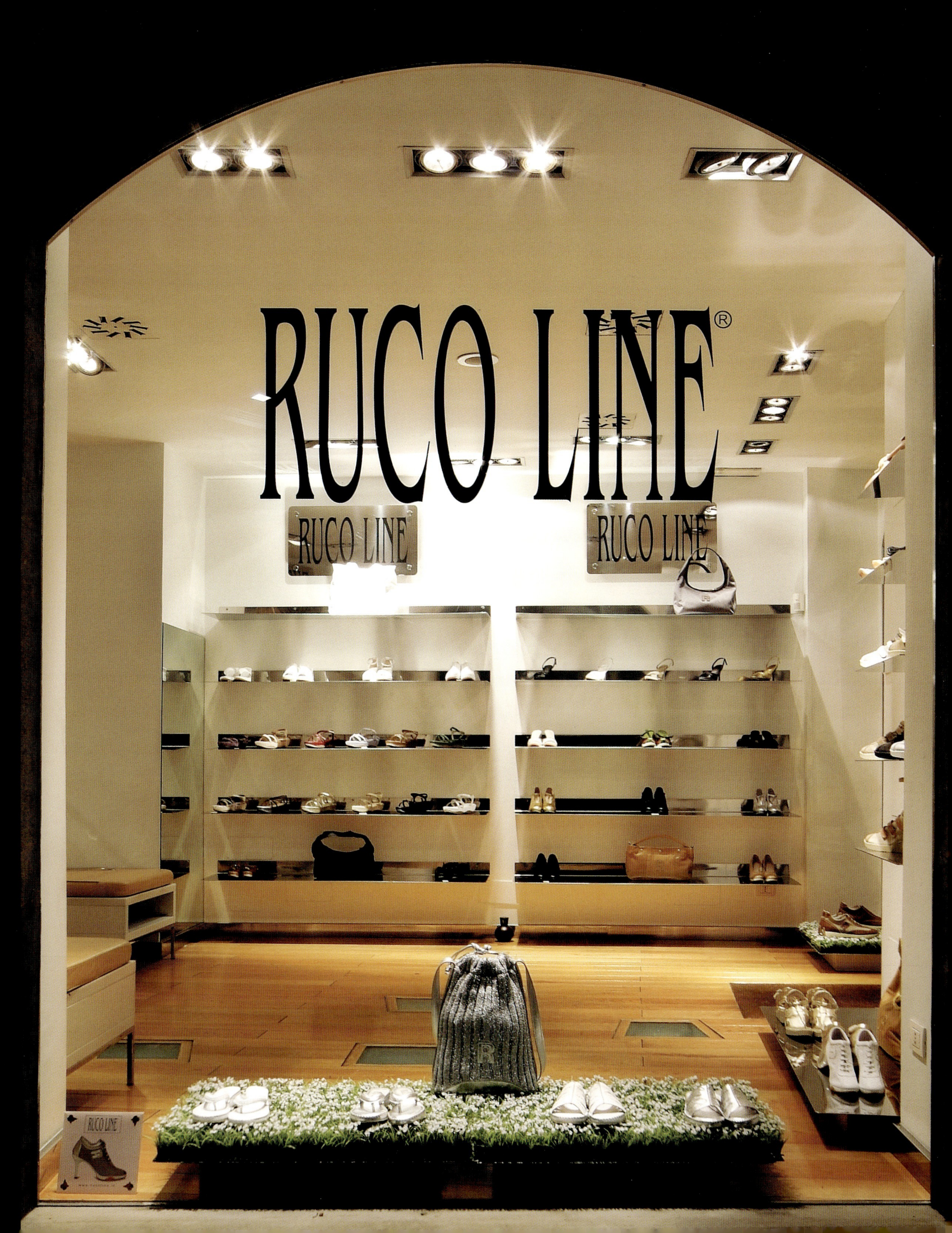
RUCO LINE®
RUCO LINE
RUCO LINE
RUCO LINE

52

SALVATORE FERRAGAMO

Un soggetto a tema, una sorta di sintetica foresta tropicale costituita da grandi foglie sagomate, in diverse tonalità di verde, interpreta qui lo spirito dell'estate. L'apparato coincide in realtà con il sistema espositivo per le fronde di lamiera che si ripiegano a creare mensole e a offrire sostegni. I pannelli luminosi rischiarano l'allestimento riprendendo in una variante cromatica più delicata il motivo vegetale.

A distinctly tropical theme is adopted for this window composed of giant serrated leaves in various shades of green to communicate the heady atmosphere of a hot summer. This graphic device actually coincides with the display system in sheet metal bent to form shelving to support the merchandise. Large back-lit panels enliven the installation, relying on green tones to harmonize with the vegetation.

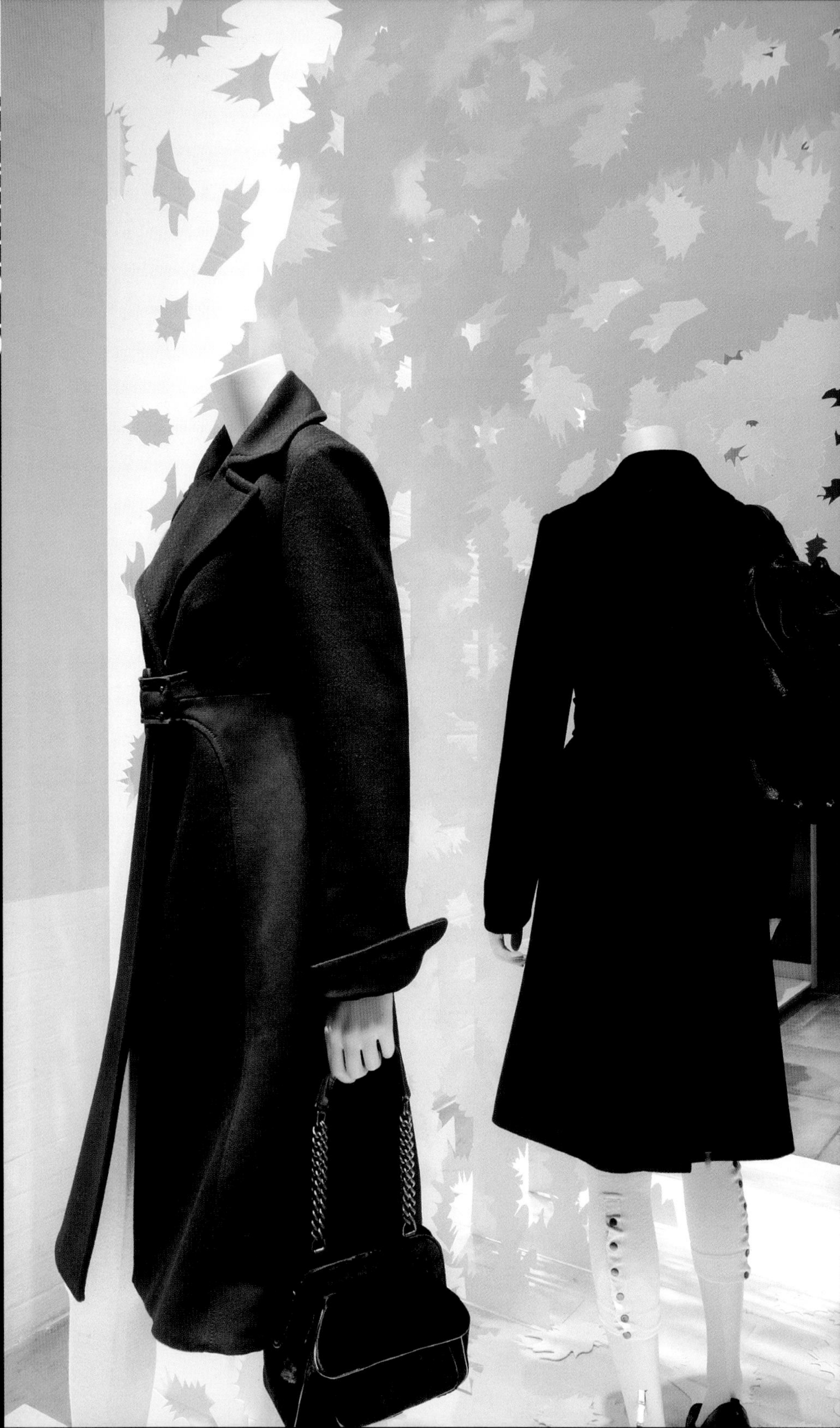

SPORTMAX

In this window display, Stefanel opts to cover the entire backdrop with an outsize wallpaper pattern, a device that solves two problems at once: clearly distinguishable from afar, the backdrop deals with the dimensions of the space by splitting the backing into two staggered levels, with the mannequins arranged closer to the street-front along the lower band, and the lighting establishing a separate horizontal field for the display proper.

Stilizza in un'elegante sintesi figurativa una barca a vela questa vetrina estiva di Tod's. Il winch in primo piano, la vela come sfondo e il rivestimento di legno lucido del ponte sono segni eloquenti che precisano con immediatezza il tema dell'allestimento. L'ambientazione risolve le esigenze espositive disponendo con semplicità gli accessori su questa sorta di ponte, in realtà costituito da tre pedane digradanti che articolano lo sguardo su diverse quote.

With elegant simplicity this summer window display for Tod's evokes life on a yacht by placing a winch in the right foreground and a stylistic sail rising against a backdrop of classic varnished floorboards, creating a sauve and sophisticated environment to offset the essential display of merchandise of bags and accessories, as if arranged on the deck of a boat, which is actually divided into three discreet plinths so as to create different levels of display.

Piccoli cuscini bombati, d'acciaio lucidissimo, quadrangolari, identificano la superficie espositiva, in orizzontale, di questa vetrina Tod's per l'autunno. Il carattere maschile delle tessere lucenti che compongono l'inusuale tappeto è addolcito dalla presenza di tasselli rivestiti in camoscio e dalle evocative immagini di fondo cui sono sovrapposti pannelli semitrasparenti ritagliati così da aprirsi a ribalta per fornire ulteriori possibilità espositive.

Curious tile-like cushions of curved polished steel squares form the horizontal support of this window display for Tod's autumn collection. Somewhat masculine in tone, this metallic support forms an unusual glistening carpet, which is contrasted by the soft suede underlay, and by the smoky photographic images reproduced on a backdrop rising behind a vertical framework support of translucent panels with cut-out shelves that provide further display possibilities.

Un décor vegetale è stilizzato sulla quinta di fondo di questa vetrina con una soluzione tecnicamente ricercata e tutta affidata al sapiente uso della luce. Sul pannello retroilluminato con vari colori, che lascia affiorare altre sagome floreali, sono incise, nello spessore, piccole foglie in realtà disegnate da sottilissimi neon. Lo stesso tema è ripreso in modo più semplice ma altrettanto efficace anche sui setti luminosi che delimitano la vetrina adiacente.

A stylized vegetal decor stenciled on the backdrop of this window display involves various technological tricks and a cunning deployment of the lighting. The glowing back panel in various colors is decorated with transparent floral motifs, and incised with leaf designs that are actually neons sunk into the surface. The same vegetal theme recurs with the other window alongside, where the illuminated panels continue up the sides of the display.

Anche in questa vetrina invernale di Valentino è la spettacolarizzazione della luce il fattore caratterizzante. Questi sfondi, declinati nelle varianti blu e rosse riflesse dalla pavimentazione lucida, svolgono il tema del cuore come un segno grafico che diviene un richiamo, un segno nella scena urbana, proprio per il bordo di luce che lo perimetra e per i piccolissimi riquadri che s'illuminano al suo interno, come pixel.

For this window likewise the lighting is cleverly applied to lend a theatrical mood to the display. In a distinctly urban setting, the window-backs comprise panels in shades of red and blue, reflected in the polished floor and fitted with a leitmotif in the form of a suspended cut-out heart accented by its glowing border, while a pattern of tiny squares lit from behind seems to suggest pixels on a computer screen.

Qui il soggetto degli sfondi è certo primaverile ma anche una sorta di manifesto tridimensionale della ricercatezza delle creazioni del celebre stilista tradotta dai sofisticati trafori sui quali alcuni elementi si staccano per porsi su un piano sfalsato. Il colore ghiacciato, come quello degli espositori trasparenti, valorizza in realtà abiti e accessori in primo piano.

Here the motifs on the backdrops are a clear reference to springtime, but they are also a reminder of the sophisticated ideas of this renowned fashion designer, translated into delicate openwork patterns, with some of the cut-out pieces emerging from the plane of icy hues, the same color as the transparent display units placed along the window front, decked with accessories.

Emblema della *maison*, il meandro, antico e classico motivo ornamentale, è trasposto qui in due allestimenti diversi. In un caso il disegno è ingrandito in un deciso bianco e nero e incorniciato così da comporre un potente sfondo grafico. Nella variante per la vetrina uomo, allestita per l'inverno, è piuttosto una trama densa che vela parzialmente il contenuto e al tempo stesso ne assicura l'appartenenza al brand.

One of the hallmarks of the Versace *maison*, the running-dog meander of Classical Antiquity is used for two distinctly different window displays. In one case the motif is greatly enlarged on a black field to provide a powerful backdrop for stylized mannequins and accessories. In the variant for the men's winter collection, the motif forms a compact but unobtrusive screen partially veiling the merchandise while imposing the brand identity.

In questo allestimento primaverile ideato per Versace l'applicazione di un unico segno come elemento caratterizzante utilizza un parametro estetico del tutto diverso da quello dei meandri impiegati nelle stagioni precedenti. Qui una spessa linea ad ansa, scura, di dimensioni variabili, è trattenuta da bordi che, nel contenerla più o meno da vicino, ne sottolineano il movimento sinuoso: è questo uno stratagemma grafico che

giustappone convessità e concavità in modo da generare, anche nella bidimensionalità, un effetto straordinariamente dinamico qui rafforzato anche dalle posture dei manichini.

In this eye-catching installation for the Versace spring collections, the application of a single graphic device to endorse the label's identity follows a logic that is strikingly differ-

ent from the more muted aesthetics employed in the window displays for the previous seasons' offerings. In this case, a thick black sinuous band traces a looping downward pattern on a screen rising behind the displays, creating a forceful graphic backdrop of a strong two-dimensional nature that powerfully underscores the dynamic poses of the mannequins.

Un fondale nero, indefinito e misterioso, incornicia il pannello rosa che struttura questa sofisticata vetrina. Sorprendentemente una figura di donna dal volto senza tempo sembra attraversare, dinamica, la superficie, come provenisse da

un'altra dimensione per ritrovare la realtà prendendo tra le mani la borsa sospesa.

A deep and mysterious black background frames a brightly illuminated pink panel, from

which a stylized female figure is apparently caught halfway as she steps out from the uncanny gloom of another world, her arms reaching up as if to grasp a black handbag floating in mid-air, one foot forward to reveal a matching boot.

involucri monocromi potenziano qui il curioso effetto generato da sedie impilate, verniciate nello stesso colore. La sovrapposizione degli schienali ad archetti genera una sorta di architettura metafisica forse a suggerire con ironia l'idea che eleganti signore vestite Yves Saint Laurent stiano passeggiando in una piazza italiana, quella con la più celebre torre pendente.

These monochrome enclosures heighten the slightly surreal effect of the snaking pile o stacked chairs painted in the same color. The rising chair-backs create a sort of metaphysica architecture that lends a wry comment on the elegant ladies garbed in Yves Saint Laurent wear strolling through an Italian piazza, perhaps Pisa with its leaning tower?

In queste vetrine estive di Zara sono predisposte narrazioni dove i manichini assumono pose naturalistiche, come attori su un set cinematografico. Le diverse soluzioni definiscono in sintesi i caratteri di luoghi dove si suppone di poter assumere bibite e gelati rinfrescanti, come suggerisce la grafica. Tutte caratterizzate dal bianco assoluto sono risolte da arredi che esplicitano il tema e da pavimenti coperti da pannelli a lamelle come quelli delle veneziane.

In these summer window displays for Zara, the mannequins assume natural poses, a bit like actors waiting on a film-set. The props with which the figures relate are devised to convey the kind of place where people stop for a cool drink or an ice-cream on a hot summer's day, as suggested by the graphics indicating the temperature on the wall behind. The entire scene is painted pure white, furniture included, and the floor is laid with a sort of venetian blind.

11 STORE

KENZO

RENA LANGE

CESARE PACIOTTI

CHICCO

CALVIN KLEIN

FENDI

VERSACE

GIANFRANCO FERRE

ARMANI COLLEZIONI

PASQUALE BRUNI

INVENTORY REPERTORIO

1 [10]
AGATHA RUIZ DE LA PRADA
Via Maroncelli 5 - 20154 Milano
Tel. +39 02 29014456 - Fax +39 02 29008590
www.agatharuizdelaprada.com
milano.str@agatharuizdelaprada.com

2 [12]
ALLEGRI
Corso Venezia 15 - 20121 Milano
Tel. +39 02 796547 - Fax +39 02 76011607
www.allegri.it
milano@allegri.it

3 [14]
ANTEPRIMA
Corso Como 9 - 20154 Milano
Tel. + 39 02 87396961 - Fax +39 02 87396897
www.anteprima.com
sales-it@anteprima.com

4 [16]
ARMANI / CASA
Via Manzoni 37 - 20121 Milano
Tel. +39 02 6572401
www.armanicasa.it

5 [18]
ARMANI / FIORI
Via Manzoni 31 - 20121 Milano
Tel. +39 02 72318640
www.armani-viamanzoni31.it

6 [20]
ASPESI
Via Monte Napoleone 13 ang. Via Bigli - 20121 Milano
Tel. +39 02 76022478 - Fax +39 02 76012862
www.aspesi.it
retailmilano@aspesi.it

7 [24]
BAROVIER & TOSO
Galleria Manzoni 40 - 20121 Milano
Tel. +39 02 76000906
www.barovier.com
showroom.milano@barovier.com

8 [26]
BLUMARINE
Via della Spiga 42 - 20121 Milano
Tel. +39 02 795081 - Fax +39 02 77221211
www.blumarine.com
blumarineshop.milano@blufin.it

9 [28]
BORSALINO
Via Senato 2 - 20121 Milano
Tel. +39 02 76017072
www.borsalino.it

10 [30]
BOSS - HUGO BOSS
Corso Matteotti 8 - 20121 Milano
Tel. +39 02 76013266 - Fax +39 02 76026477
www.hugoboss.com

11 [32]
BULGARI
Via della Spiga 6 - 20121 Milano
Tel. +39 02 76013448 - Fax +39 02 76317143
www.bulgari.com

12 [36]
BURBERRY
Via Verri 7 - 20121 Milano
Tel. + 39 02 7608201 - Fax +39 02 760820280
www.burberry.com
burberrymilan@burberry.com

13 [38]
CANALI
Via Verri 1/3 - 20121 Milano
Tel. +39 02 76390365 - Fax +39 02 76027427
www.canali.it
milan.shop@canali.it

14 [40]
CAR SHOE
Via della Spiga 1 - 20121 Milano

Tel. +39 02 76024027 - Fax +39 02 76394505
car.shoe@prada.com

15 [44]
CASADEI
Via Sant'Andrea 17 - 20121 Milano
Tel. e Fax +39 02 76318293
www.casadei.com

16 [46]
CLAN PONTACCIO
Via Pontaccio 15 - 20121 Milano
Tel. +39 02 875759
clan@serverasp.net

17 [48]
DADRIADE
Via Manzoni 30 - 20121 Milano
Tel. +39 02 76023098 - Fax +39 02 76023136
www.driade.com

18 [50]
DIESEL
Corso Venezia 7 - 20121 Milano
Tel. +39 02 76006233
www.diesel.com

19 [52]
DIOR
Via Monte Napoleone 12 - 20121 Milano
Tel. +39 02 76317801 - Fax +39 02 76397055
www.dior.com

20 [56]
DOLCE & GABBANA
DOLCE & GABBANA ACCESSORI
Via della Spiga 2 - 20121 Milano
Tel. +39 02 795747
www.dolcegabbana.it
DOLCE & GABBANA c/o La Rinascente
Via Santa Radegonda 3 - 20121 Milano
Tel. +39 02 88521 - Fax +39 02 866371
www.larinascente.it

21 [64]
ETRO
Via Monte Napoleone 5 - 20121 Milano
Tel. +39 02 76005049
www.etro.it
info@etro.it

22 [66]
FAY
Via della Spiga 15 - 20121 Milano
Tel. +39 02 76017597 - Fax +39 02 77225501
www.todsgroup.com
info@fay.it

23 [70]
FENDI
Via Sant'Andrea 16 - 20121 Milano
Tel. +39 02 76021617 - Fax +39 02 76312448
www.fendi.it

24 [74]
FERRARI STORE
Piazza Liberty 8 - 20121 Milano
Tel. +39 02 76017385 - Fax +39 02 76316077
www.ferraristore.com
ferrari.mi@percassi.it

25 [78]
FLOS
Corso Monforte 9 - 20121 Milano
Tel. +39 02 76003639 - Fax +39 02 780833
www.flos.net

26 [80]
FRANCESCO BIASIA
Via Monte Napoleone 1 - 20121 Milano
Tel. +39 02 76013041
www.biasia.com
milanoshop@biasia.it

27 [82]
GALANTE VISCONTI
Via Fiori Chiari 2 - 20121 Milano
Tel. +39 02 86998876 - Fax +39 02 86913042
www.galantevisconti.com

28 [84]
GUCCI
Via Monte Napoleone 5 - 20121 Milano
Tel. +39 02 795467
www.gucci.com

29 [86]
GUESS
Piazza San Babila 4/b - 20121 Milano
Tel. +39 02 76392070 - Fax +39 02 76392071
www.guess.com
milanosanbabila@guess.it

30 [90]
HERMÈS
Via Sant'Andrea 21 - 20121 Milano
Tel. +39 02 76003495 - Fax +39 02 76012546
www.hermes.com

31 [92]
HOGAN
Via Monte Napoleone 23 - 20121 Milano
Tel. +39 02 76011174 - Fax +39 02 76398324
www.hoganclub.com
hoganmilano@todsgroup.com

32 [94]
ICEBERG
Via Monte Napoleone 10 - 20121 Milano
Tel. +39 02 782385 - Fax +39 02 781904
www.iceberg.com
icemilano@gilmar.it

33 [96]
JIL SANDER
Via Verri 6 - 20121 Milano
Tel. +39 02 7772991 - Fax +39 02 76006383
www.jilsander.com
shop_mailand@jilsander.de

34 [98]
JOHN RICHMOND
Via Verri ang. Via Bigli - 20121 Milano
Tel. +39 02 76028173 - Fax +39 02 76393462
www.johnrichmond.com

35 [100]
JUST CAVALLI
Via della Spiga 30 - 20121 Milano
Tel. +39 02 76390893
www.justcavallicafe.com

36 [102]
KARTELL
Via Turati ang. Via Porta - 20121 Milano
Tel. +39 02 6597916
www.kartell.it
milano@kartellflag.com

37 [106]
LA PERLA
Via Monte Napoleone 1 - 20121 Milano
Tel. +39 02 76000460 - Fax +39 02 76002473
www.laperla.com
laperlainfo@laperla.com

38 [108]
LALIQUE
Corso Matteotti 3 - 20121 Milano
Tel. +39 02 76023410 - Fax +39 02 76002218
www.cristallalique.fr
shop.milan@lalique.tuttopmi.it

39 [110]
LARUSMIANI
Via Monte Napoleone 7 - 20121 Milano
Tel. +39 02 76006957 - Fax +39 02 76020470
www.larusmiani.it
info@larusmiani.it

40 [114]
LOUIS VUITTON
Galleria Vittorio Emanuele II - 20121 Milano
Tel. +39 02 72147011 - Fax +39 02 8053531
www.louisvuitton.com

41 [116]
LOVE THERAPY BY ELIO FIORUCCI
Largo Toscanini 1 - 20121 Milano

Tel. +39 02 76091237 - Fax +39 02 76014675
www.lovetherapy.it
ask@lovetherapy.it

42 [118]
LUCEPLAN
Corso Monforte 7 - 20122 Milano
Tel. +39 02 76015760 - Fax +39 02 6784062
www.luceplan.com
luceplanstore@luceplan.com

43 [120]
MISS SIXTY
Via Monte Napoleone 27 - 20121 Milano
Tel. +39 02 76390698
www.misssixty.com

44 [124]
MIU MIU
Via Sant'Andrea 21 - 20121 Milano
Tel. +39 02 76001799 - Fax +39 02 76391377
www.miumiu.com

45 [128]
MOSCHINO
Via Sant'Andrea 12 - 20121 Milano
Tel. +39 02 76000832
www.moschino.it

46 [138]
PAUL SMITH
Via Manzoni 30 - 20121 Milano
Tel. +39 02 76319181
www.paulsmith.co.uk

47 [140]
PIQUADRO
Via della Spiga 33 - 20121 Milano
Tel. +39 02 76318786
www.piquadro.com
piquadro@piquadro.com

48 [142]
PRADA
Via della Spiga 18 - 20121 Milano
Tel. +39 02 780465 - Fax +39 02 76017223
www.prada.com

49 [144]
RAPSEL
Via Larga 13 - 20122 Milano
Tel. +39 02 36511529
www.rapsel.it

50 [146]
ROBERTO CAVALLI
Via Spiga 42 - 20121 Milano
Tel. +39 02 76020900
www.robertocavalli.net

51 [150]
RUCO LINE
Via Borgospesso 27 - 20121 Milano
Tel. e Fax +39 02 76020507
www.rucoline.it
rucoline@rucoline.it

52 [152]
SALVATORE FERRAGAMO
Via Monte Napoleone 20/4 ang. Via Borgospesso -
20121 Milano
Tel. +39 02 76006660 - Fax +39 02 76001232
www.salvatoreferragamo.it

53 [154]
SPORTMAX
Via della Spiga 30 - 20121 Milano
Tel. e Fax +39 02 76011944
info@sportmaxcode.maxmara.com

54 [156]
STEFANEL
Corso Vittorio Emanuele II 28 - 20121 Milano
Tel. +39 02 76318722
www.stefanel.it

55 [160]
STUART WEITZMAN
Via della Spiga 3 - 20121 Milano

Tel. +39 02 76003316
www.stuartweitzman.it
customerservice@stuartweitzman.it

56 [162]
TOD'S
Via della Spiga 22 - 20121 Milano
Tel. +39 02 76002423
www.tods.com

57 [166]
VALENTINO
Via Monte Napoleone 20 - 20121 Milano
Tel. +39 02 76006182 - Fax +39 02 780437
www.valentino.it

58 [172]
VERSACE
Via Monte Napoleone 11 - 20121 Milano
Tel. +39 02 76008528
www.versace.it

59 [176]
VIKTOR & ROLF
Via Sant'Andrea 14 - 20121 Milano
Tel. +39 02 796091
www.viktor-rolf.com

60 [178]
YVES SAINT LAURENT
Via Monte Napoleone 27 - 20121 Milano
Tel. +39 02 76000573 - Fax + 39 02 76022681
www.ysl.com

61 [182]
ZARA
Via Torino 2 - 20123 Milano
Tel. +39 02 89095047 - Fax + 39 02 72000889
www.zara.it

EMILIO PUCCI [9]
Via Monte Napoleone 14 - 20121 Milano
Tel. +39 02 76318356
www.emiliopucci.com

GIO MORETTI [9]
Via della Spiga 4 - 20121 Milano
Tel. +39 02 76003186

GIOVANNI VALENTINO [9]
Via della Spiga 52 - 20121 Milano
Tel. + 39 02 76028084
www.giovannivalentino.com

LARUSMIANI [9]
Via Monte Napoleone 7 - 20121 Milano
Tel. +39 02 76006957 - Fax +39 02 76020470
www.larusmiani.it
info@larusmiani.it

MANGO [9]
Via Torino 21 - 20123 Milano
Tel. +39 02 86990288
www.mango.com

MISSONI [9]
Via Monte Napoleone 8, ingresso da Via Sant'Andrea -
20121 Milano
Tel. + 39 02 76003555 - Fax +39 02 76021923
www.missoni.com
Boutique.Milano@missoni.it

PIANEGONDA [9]
Via Monte Napoleone 6 - 20121 Milano
Tel. +39 02 76003038
www.pianegonda.com

SERGIO ROSSI [9]
Via della Spiga 5 - 20121 Milano
Tel. +39 02 76390927
www.sergiorossi.com
Milano.Spiga2@it.sergiorossi.com

SISLEY [9]
Galleria Passarella 1 - 20122 Milano
Tel. +39 02 763881
www.sisley.com

VENINI [9]
Via Monte Napoleone 9 - 20121 Milano
Tel. +39 02 76000539 - Fax +39 02 781827
www.venini.it
milano@venini.it

11 STORE [184]
Via Tocqueville 11 - 20154 Milano
Tel. +39 02 89281111
store@11milano.it

ARMANI COLLEZIONI [184]
Via Monte Napoleone 2 - 20121 Milano
Tel. +39 02 76390068
www.armani.it

CALVIN KLEIN [184]
Corso Matteotti 5 - 20121 Milano
Tel. +39 02 76028285
www.calvinklein.com - www.percassi.it

CESARE PACIOTTI [184]
Via Sant'Andrea 8 - 20121 Milano
Tel. +39 02 76013887 - Fax +39 02 76003560
www.cesare-paciotti.com
info@cesare-paciotti.com

CHICCO [184]
Corso Matteotti 10 - 20121 Milano
Tel. +39 02 76008399
www.chicco.com

FENDI [184]
Via Sant'Andrea 16 - 20121 Milano
Tel. +39 02 76021617 - Fax +39 02 76312448
www.fendi.it

GIANFRANCO FERRÉ [184]
Via Sant'Andrea 15 - 20121 Milano
Tel. + 39 02 780406
www.gianfrancoferre.com

KENZO [184]
Via Sant'Andrea 11 - 20121 Milano
Tel. +39 02 76020929
www.kenzo.com

PASQUALE BRUNI [184]
Via della Spiga 6/a - 20121 Milano
Tel. +39 02 784118
www.pasqualebruni.com

RENA LANGE [184]
Via della Spiga 7 - 20121 Milano
Tel. +39 02 76021884
www.renalange.com

VERSACE [184]
Via Monte Napoleone 11 - 20121 Milano
Tel. +39 02 76008528
www.versace.it

Salvo ove diversamente indicato tutte le immagini sono di Andrea Martiradonna / Unless otherwise indicated, all the photographs are by Andrea Martiradonna

Copertina anteriore ▮ Front cover: Andrea Martiradonna (MISS SIXTY maggio 2007)
Copertina posteriore ▮ Back cover: Andrea Martiradonna (MOSCHINO maggio 2007)

p. 9 (Silvio San Pietro)
LARUSMIANI marzo 2007 / MANGO marzo 2007/ SERGIO ROSSI marzo 2006 / PIANEGONDA marzo 2007 / EMILIO PUCCI ottobre 2006 / VENINI ottobre 2006 /
GIO MORETTI marzo 2006 / SISLEY marzo 2007 / MISSONI marzo 2007 / GIOVANNI VALENTINO novembre 2006

1 AGATHA RUIZ DE LA PRADA - p. 10: marzo 2007 / p. 11: dicembre 2006
2 ALLEGRI - pp. 12, 13: maggio 2006
3 ANTEPRIMA - pp. 14, 15: dicembre 2006
4 ARMANI / CASA - pp. 16, 17: dicembre 2006
5 ARMANI / FIORI - pp. 18, 19: dicembre 2006
6 ASPESI - pp. 20, 21: novembre 2006 / p. 22: dicembre 2006 / p. 23: giugno 2007
7 BAROVIER & TOSO - pp. 24, 25: novembre 2006
8 BLUMARINE - pp. 26, 27: maggio 2006
9 BORSALINO - pp. 28, 29: marzo 2007
10 BOSS - HUGO BOSS - pp. 30, 31: novembre 2006
11 BULGARI - pp. 32, 33: novembre 2006 / pp. 34, 35: marzo 2007
12 BURBERRY - p. 36: novembre 2006 / p. 37: maggio 2007
13 CANALI - pp. 38, 39: novembre 2006
14 CAR SHOE - pp. 40/43: novembre 2006
15 CASADEI - pp. 44, 45: novembre 2006
16 CLAN PONTACCIO - pp. 46, 47: dicembre 2006
17 DADRIADE - pp. 48, 49: dicembre 2006
18 DIESEL - pp. 50, 51: marzo 2007
19 DIOR - pp. 52, 53: dicembre 2006 / p. 54: maggio 2007 (Silvio San Pietro) / p. 55: maggio 2007
20 DOLCE & GABBANA - pp. 56, 57: maggio 2006 / pp. 58/61: novembre 2006 / pp. 62, 63: maggio 2007
21 ETRO - p. 64: maggio 2007 (Silvio San Pietro) / p. 65: maggio 2007
22 FAY - pp. 66, 67: novembre 2006 / pp. 68, 69: dicembre 2006
23 FENDI - pp. 70, 71: novembre 2006 / pp. 72, 73: dicembre 2006
24 FERRARI STORE - p. 74/77: novembre 2006
25 FLOS - pp. 78, 79: marzo 2007
26 FRANCESCO BIASIA - pp. 80, 81: maggio 2007 / p. 80 a sinistra: marzo 2007 (Silvio San Pietro)
27 GALANTE VISCONTI - pp. 82, 83: dicembre 2006
28 GUCCI - pp. 84, 85: maggio 2007 / p. 84 a sinistra: maggio 2007 (Silvio San Pietro)
29 GUESS - pp. 86/89: maggio 2006
30 HERMÈS - pp. 90, 91: maggio 2006
31 HOGAN - pp. 92, 93: maggio 2007
32 ICEBERG - pp. 94, 95: marzo 2007
33 JIL SANDER - pp. 96, 97: marzo 2007
34 JOHN RICHMOND - pp. 98, 99: novembre 2006
35 JUST CAVALLI - p. 100 in alto: maggio 2006 / pp. 100, 101: novembre 2006
36 KARTELL - pp. 102, 103: novembre 2006 /pp. 104, 105: maggio 2007
37 LA PERLA - pp. 106, 107: maggio 2007
38 LALIQUE - pp. 108, 109: marzo 2007
39 LARUSMIANI - pp. 110, 111: maggio 2006 / pp. 112, 113: novembre 2006
40 LOUIS VUITTON - pp. 114, 115: marzo 2007
41 LOVE THERAPY BY ELIO FIORUCCI - p. 116 in alto: marzo 2007 / pp. 116, 117: maggio 2006
42 LUCEPLAN - pp. 118, 119: marzo 2007
43 MISS SIXTY - p. 120: dicembre 2006 / p. 121: novembre 2006 / pp. 122, 123: maggio 2007
44 MIU MIU - pp. 124, 125: novembre 2006 / pp. 126, 127: dicembre 2006
45 MOSCHINO - pp. 128, 129: maggio 2006 / pp. 130, 131: novembre 2006 / pp. 132, 133: dicembre 2006 / pp. 134, 135: marzo 2007 / p. 136: giugno 2007 /
   p. 137: maggio 2007
46 PAUL SMITH - pp. 138, 139: dicembre 2006
47 PIQUADRO - p. 140: novembre 2006 / p. 141: maggio 2006
48 PRADA - pp. 142, 143: maggio 2006
49 RAPSEL - pp. 144, 145: maggio 2007
50 ROBERTO CAVALLI - pp. 146, 147: maggio 2006 / p. 148: marzo 2006 (Silvio San Pietro) / p. 149: novembre 2006
51 RUCO LINE - pp. 150, 151: maggio 2006
52 SALVATORE FERRAGAMO - pp. 152, 153: marzo 2007
53 SPORTMAX - pp. 154, 155: novembre 2006
54 STEFANEL - pp. 156, 157: marzo 2007 / pp. 158, 159: maggio 2007
55 STUART WEITZMAN - pp. 160, 161: novembre 2006
56 TOD'S - pp. 162, 163: maggio 2006 / pp. 164, 165: novembre 2006
57 VALENTINO - pp. 166, 167: maggio 2006 / pp. 168, 169: novembre 2006 / pp. 170, 171: maggio 2007 / p. 170 a sinistra: maggio 2007 (Silvio San Pietro)
58 VERSACE - pp. 172: maggio 2006 / p. 173: dicembre 2006 / pp. 174, 175: marzo 2007
59 VIKTOR & ROLF - pp. 176, 177: maggio 2006
60 YVES SAINT LAURENT - pp. 178, 179: dicembre 2006 / pp. 180, 181: maggio 2007
61 ZARA - pp. 182, 183: marzo 2007 / p. 182 a sinistra: marzo 2007 (Silvio San Pietro)

p. 184 (Silvio San Pietro)
11 STORE novembre 2006 / KENZO marzo 2007 / RENA LANGE marzo 2006 / CESARE PACIOTTI marzo 2007 / CHICCO marzo 2007 / CALVIN KLEIN marzo 2007 /
FENDI marzo 2007 / VERSACE maggio 2007 / GIANFRANCO FERRÉ marzo 2007 / ARMANI COLLEZIONI novembre 2005 / PASQUALE BRUNI novembre 2006

Fotolito: Grafiche San Patrignano - Rimini
Stampa: Euroteam - Nuvolera (BS)
Legatura: Pedrelli - Parma